POBOL ENLLI

POBOL ENLLI

Gol. Myrddin ap Dafydd

Hen gerdyn post: Enlli a'r Swnt, o drwyn Ffynnon Fair

Atgynhyrchwyd lluniau o Gasgliad Geoff Charles drwy garedigrwydd Gynllun DigiDo, Llyfrgell Genedlaethol Cymru

LLYFRGELL GENEDLAETHOL CYMRU

Argraffiad cyntaf: 2015

Rhif rhyngwladol: 978-1-84527-531-0

Mae'r cyhoeddwr yn cydnabod cefnogaeth ariannol
Cyngor Llyfrau Cymru

Cynllun clawr: Eleri Owen

Cyhoeddwyd gan Wasg Carreg Gwalch,
12 Iard yr Orsaf, Llanrwst, Conwy, LL26 0EH.
Ffôn: 01492 642031 Ffacs: 01492 641502
e-bost: llyfrau@carreg-gwalch.com
lle ar y we: www.carreg-gwalch.com

Cynnwys

O flaen Cristin

Cyflwyniad

Ddau haf yn ôl, daeth gwraig o Fanceinion i ddiwrnod agoriadol arddangosfa o luniau 'Saith Niwrnod ar Enlli' Anthony Evans yn Tonnau, Pwllheli. Cariodd lond bag i mewn i'r oriel gan ofyn inni a oedd bosibilrwydd fod unrhyw un yno gyda diddordeb yn hanes pobol Enlli. Dechreuodd dynnu casgliadau o ffotograffau, dyddiaduron, copi bwc o atgofion a thoriadau papur newydd o'r bag. Roedd yn amlwg bod ganddi drysorau. Y wraig oedd Gwenda Watson, merch prifathrawes Ysgol Enlli yn y 1930au.

Gadawodd yr ynys efo'i mam yn eneth ifanc yn 1938, ond gwnaeth ei chyfnod ar Enlli argraff barhaol arni ac mae'n dal i ail-fyw'r profiadau hynny. Treuliodd ei bywyd yn Llundain, Panama a Manceinion, ond cadwodd atgofion a thrysorau'r ynys yn ddiogel a dyna ddeunydd pennod gyntaf y gyfrol hon.

Ers dod i fyw i Lŷn, roeddwn yn ymwybodol bod nifer o deuluoedd ar y Tir Mawr yn arddel perthynas â hen drigolion yr ynys. Drwy luniau a hanesion Gwenda Watson, llwyddais i ganfod rhai hynafgwyr a gafodd fagwraeth ar Enlli ond sydd bellach yn byw ar y Tir Mawr. Y cam cyntaf oedd cofnodi sgyrsiau ac fe wnaed hynny yn hwylus iawn drwy gydweithio â chynllun 'Atgof Aur' Amgueddfa Forwrol Llŷn yn Nefyn. Daeth y dyn camera hynaws a di-lol, Deio Giatgoch, gyda mi i greu ffilmiau byrion o atgofion Gwynfor Jones, Sarn a Guto Cabli. Teyrnged i'r crefftwr oedd na chymerai'r cymeriadau hyn yn fuan unrhyw sylw o Deio a'i offer gan adrodd eu straeon yn ddifyr a naturiol. Buom yn ffodus fod ganddynt lond droriau o hen luniau a llyfrau lloffion yn ogystal.

Dyma daenu'r rhwyd yn ehangach ar ôl hynny gan ffilmio atgofion am daid a nain yng nghwmni Twm Pant-yr-hwch. Daeth eraill yno mewn cyfnod diweddarach: yr arlunydd Kim Atkinson; Gwydion, y gweithiwr stad; Emyr, gweithiwr ar y tai a'r gerddi; Dic a Llew, y gwirfoddolwyr a Colin, cychwr presennol yr ynys. Y mae'u hatgofion yn cofnodi'r newidiadau a fu ym mywyd Enlli a hefyd yr her sy'n wynebu rheolwyr yr ynys i'w gwneud hi'n bosibl cael bywyd cynaliadwy yno yn y dyfodol.

I ateb cwestiwn cyntaf Gwenda Watson yn oriel Tonnau, ddois i ar draws dim ond diddordeb byw a brwdfrydedd mawr am unrhyw ddeunydd sy'n adrodd hanes pobol Enlli. Mae'n ynys â sawl elfen iddi, wrth gwrs – mae iddi ran yn hanes y seintiau, a'r môr-ladron; mae'n seintwar encilgar i rai; mae'n fan gwylio adar a bywyd gwyllt; mae'n ysbrydoliaeth ramantus a chelfyddydol. Ond ar hyd y canrifoedd, bu cymdeithas o bobol ar yr ynys a chawn gip ar eu helbulon a'u hymdrechion hwy yn yr atgofion sydd wedi'u cofnodi yn y gyfrol hon.

Myrddin ap Dafydd

Merch Prifathrawes Enlli
atgofion Gwenda Watson

Jane Tŷ Pella (ar y dde) a Gwenda Watson wrth eu desgiau yn ysgol Enlli yn y 1930au

Y pulpud mawr yng nghapel bychan Enlli

Y traddodiad oedd mai gwraig y gweinidog oedd yr athrawes yn ysgol Enlli. Pan benodwyd gweinidog di-briod i'r ynys, roedd yn rhaid i'r awdurdodau chwilio am rywun arall cymwys i'r swydd. Pan benodwyd fy mam, May Murray-Williams yn brifathrawes gyntaf yno yn 1932, golygodd hynny fy mod i a'm brawd yn mynd i gael plentyndod cwbwl arbennig.

Bu'r Parch. William Jones yn weinidog ar yr ynys am hanner can mlynedd. Yn ôl yn 1875, cynigiodd yr Arglwydd Newborough – perchennog Enlli ar y pryd – ddewis rhwng melin neu gapel newydd i'w ddeiliaid ar yr ynys. Capel ddewiswyd. Mae'n adeilad hardd yn y pen gogleddol, ger yr hen abaty. Codwyd yr adeilad o amgylch pulpud mawr o'r Eidal a fwriadwyd ar gyfer eglwys arall – ond pan gyrhaeddodd y pulpud y fan honno, roedd yn rhy fawr i ffitio drwy'r drws. Gwrthododd y blaenoriaid ledu'r drws a gwrthododd rhoddwr y pulpud ei dorri'n llai. Daeth cais ar draws y Swnt amdano, ac fe'i rhoddwyd i'r ynyswyr. Gosodwyd ef ar y seiliau a chodi'r capel o'i amgylch. Yn ddiweddarach, cyflwynodd Megan Lloyd George organ i'r capel.

Dilynwyd y Parch. William Jones gan Owen Jones. Teiliwr

Mam yn cadw llygad arnom yn yr ysgol. Mary Nant (ar y dde) gyda mi yn y tu blaen; Jane Tŷ Pella y tu ôl inni a Gwyn fy mrawd y tu ôl iddi hithau; Gwilym Nant a Wil Cristin wrth ymyl Mam.

o Garndolbenmaen oedd hwnnw, wedi cael tröedigaeth yn ystod Diwygiad 1904-05. Bugeiliai ef anghenion ysbrydol yr ynys a gofalai'i wraig am addysg y plant – er nad oedd hi wedi derbyn unrhyw fath o hyfforddiant yn y maes. Dilynwyd y pâr gan y Parch. R. M. Evans a'i wraig ond gadawsant hwy ar ôl cyfnod byr i ateb galwad yng nghapel Cymraeg Rochdale, swydd Gaerhirfryn. Y Parch. Owen Jones a'i wraig oedd y rhai nesaf i edrych ar ôl y capel a'r ysgol – buont yno am saith mlynedd ac yn ystod y cyfnod hwnnw daeth yr ysgol o dan arolygaeth y Bwrdd Addysg. Gadawodd Owen Jones a'i wraig yn 1930 ac am ddwy flynedd bu'r ynys heb weinidog a chyda dim ond athrawes lanw yn yr ysgol.

Hysbysebwyd am bâr unwaith eto – gweinidog preswyl i ofalu am y capel a gwraig i forol am addysgu plant Enlli. Yn y diwedd, llwyddwyd i sicrhau gwasanaeth y Parch. Edward Evans B.D. a fu'n genhadwr yn Nigeria am dros ugain mlynedd. Ond hen lanc oedd o, ac felly roedd swydd yr athro yn yr ysgol yn dal yn wag.

Hysbysebodd yr awdurdod addysg am athro trwyddedig. Ffoniodd fy mam y cyfarwyddwr, David Thomas.

'Rwy'n deall eich bod yn chwilio am athro i Enlli?'

'Ydym. Pwy ydych chi?'

'Mrs Murray-Williams.'

'O, rydach chi'n briod? Tydan ni ddim yn cyflogi gwragedd priod.'

'Roeddech yn cynnig y swydd i wraig y gweinidog, felly pam nad ei chynnig i wraig rhywun arall?'

'Ym . . . O'r gorau. Dewch i'm gweld yn y bore.'

Cefndir yr ymfudo i Enlli oedd bod fy nhad wedi mynd yn fethdalwr yn y siop yng Nghwm-y-glo. Roedd ein cartref yn rhan o'r siop, felly pan gollodd, mi gollodd y cwbwl. Bu'n rhaid i ni symud i'r Groeslon at Nain – mam fy nhad – yn gyntaf. Yno, penderfynodd Mam fynd yn ôl i ddysgu er mwyn cynnal y teulu. Pan aeth at yr awdurdodau addysg yng Nghaernarfon, dywedodd ei bod yn ddigartref a'i bod angen swydd mewn ysgol gyda thŷ os oedd modd. Gwelodd yr awdurdodau eu cyfle a chynnig y swydd ar Enlli iddi.

Y diwedd fu fod fy mam, fy nhad a ninnau'r dau blentyn bychan yn croesi'r Swnt am y tro cyntaf yn ein bywydau. Ganwyd Gwyn fy mrawd ar 6 Mehefin, 1929 a minnau ar 5 Tachwedd, 1930.

Roedd fy nhad, un o bump o fechgyn wedi gorfod gadael ysgol Groeslon yn ifanc, gan fod ei dad wedi marw mewn pla colera pan yn gweithio fel saer maen ym Mhenmaenmawr. Nid oedd erioed wedi bod yn agos at Enlli. Er bod fy mam wedi treulio'r rhan fwyaf o'i hoes ym Mhwllheli ac yna wedi bod wrth ei gwaith fel athrawes yn Oldham a'r Groeslon, nid oedd hithau chwaith erioed wedi rhoi troed ar dir Enlli.

Un o Bwllheli oedd teulu Mam – ei thaid, John Murray, wedi dod o'r Alban i weithio yn chwarel ithfaen Carreg yr Imbyll ac yna'i thad, Robert Murray yn dod yn rheolwr ar y chwarel honno. Roedd mam fy mam – Agnes Clemence – o Gernyw yn wreiddiol, ac un o bump o ferched oedd Mam: Margaret Olive, Judith May, Edith Emily, Lucy Agnes a Helena Clemence. Os oeddech chi'n ffrindiau gyda Mam doedd wiw ichi grybwyll yr enw 'Judith'. Am fod yr enw

Rhai o chwarelwyr Carreg yr Imbyll

Creigwyr y chwarel – mae fy hen daid yn y gornel isaf ar y dde

John Murray – fy hen daid

John Murray a Robert Murray ei fab (fy nhaid innau) a ddaeth yn reolwr y chwarel

Carreg ithfaen o Dalbeattie. Yno roedd fy hen daid yn gweithio cyn iddo gael gwahoddiad gan y perchnogion, y Liverpool Granite Company, *i ddod i Gymru i weithio mewn chwarel ithfaen newydd yr oeddent yn ei hagor yng Ngharreg yr Imbyll. Cyrhaeddodd fy hen daid Bwllheli yn 1867. Priododd John Murray, fy hen nain – mi fyddaf yn meddwl yn aml sut oedd pethau rhyngddynt oherwydd Cymraes uniaith ac aelod o Gapel Salem oedd Nain, tra bod gan ei gŵr acen Albanaidd gref. Un o'r pethau a ddysgais am fy nhaid pan oedd yn rheolwr oedd ei fod wedi galw cyfarfod mawr o'r chwarelwyr a'u teuluoedd. Yr arfer cyn hynny oedd talu'r gweithwyr ar ddiwedd stem bore Sadwrn yn y chwarel – ac wrth gwrs, byddai'r dynion yn mynd ar sbri a dim ond y gweddillion a fyddai ar ôl i'w teuluoedd. Yr hyn wnaeth y taid – drwy gytundeb y cyfarfod hwnnw – oedd trefnu i dalu hanner y cyflogau i'r gwragedd ar fore Mercher fel eu bod hwy'n medru mynd i'r farchnad ar y Maes y diwrnod hwnnw i brynu stoc o fwyd i'w teuluoedd.*

Murray mor estron a gwahanol ym Mhwlleli a Williams yn gyffredin ofnadwy, pan briododd Mam cyplysodd y cyfenwau – Mrs Murray-Williams oedd hi wedi hynny.

Wrth fudo, roedd hi'n dywydd llonydd a thawel a chawsom ni ddim trafferth i groesi nac i gario ein dodrefn i'r ynys yn haf 1932, yn ôl Mam. A da hynny, oherwydd mae rhai o 'ddodrefn Enlli' yn fy nghartref ym Manceinion heddiw a byddaf yn dal i ryfeddu sut yr aed â chloc mawr Caernarfon a chlamp o chest o' drôrs i'r ynys ac yn ôl. Roedd fy nhad, John Ellis Williams, wedi croesi o'n blaenau i baratoi'r tŷ gyda chymorth yr ynyswyr a'r Parch. Edward Evans. Roedd y môr fel llyn llefrith a phawb ohonom yn methu â deall beth oedd yr hen lol yna bod y Swnt mor anodd ei chroesi. Cwch modur bychan a gafodd ei chyflwyno'n anrheg i'r ynyswyr

Y Parch. Edward Evans, gweinidog Enlli, yng nghefn y cwch yn dychwelyd i'r Tir Mawr gyda dau ymwelydd.

Criw o ymwelwyr wedi dod drosodd i Enlli am y dydd. Dyma lun da hefyd o rai o gychod yr ynyswyr – roedd pob aelwyd ar yr ynys yn ceisio bod yn berchennog, neu'n rhan-berchennog, ar gwch er mwyn pysgota i ategu'r bwyd a gaent o'r fferm.

drwy garedigrwydd y diweddar Frederick Wynn, Glynllifon oedd yn mynd â ni drosodd. Awr gymerodd hi – llawer llai na rhwyfo yn un o hen gychod dau flaen Enlli.

Ond ni fuom yno'n hir cyn dod i ddeall fod y culfor yn llawn ceryntoedd twyllodrus a pheryglus. Yn yr hen ddyddiau, doedd hi'n ddim i'r ynyswyr gael eu caethiwo ar Enlli am chwe wythnos a rhagor. Un tro roeddem ni'r plant a Mam wedi mynd drosodd i Bwllheli am y Nadolig. Pan ddaeth dechrau Ionawr, roedd hi'n rhy stormus i ddychwelyd a threuliodd Mam saith wythnos yn gwneud gwaith llanw yn ysgolion Llŷn.

O draeth Aberdaron, nid o Borth Meudwy, yr oedd y cychwyr yn croesi bryd hynny. Y drefn oedd mynd heibio hen eglwys Hywyn Sant at y traeth a cherdded dros y tywod at fin y dŵr. Yno byddai'r dynion yn disgwyl amdanoch. Byddent hwy wedi croesi'n ôl ac ymlaen sawl gwaith yn barod yn cario porthiant i'r gwartheg a'r ieir a nwyddau angenrheidiol a glo i'r cartrefi. Cwch rhwyfo fyddai lle mae'r tonnau'n torri ar y traeth, gyda'r cwch modur allan ychydig pellach i'r bae. Byddai dynion Enlli yn cario'r teithwyr ar eu cefnau fel mulod os oeddent yn ddynion, ond byddai'r plant a'r merched yn cael eu cario yn eu breichiau i'r cwch rhwyfo. Buom yno am dros chwe mlynedd – ond nid oedd yr un croesiad yr un fath â'i gilydd. Doedd wybod beth a gaem – heulwen, glaw, gwynt, niwl môr, môr tir, tonnau gwyllt, teimlad tangnefeddus braf neu sâl môr difrifol.

Pan anwyd fi, roedd Dad yn cadw siop Cwm-y-glo ar y pryd gyda Mam yn pobi yn y cefn. Yn fuan iawn, sylweddolwyd bod rhywbeth o'i le ar fy nghoes – roedd fy nhroed yn llipa. Aed â fi at Nain Groeslon a galwyd y doctor.

Gyda Nain Pwllheli ar Faes y dref

Roedd pobol Enlli yn grediniol bod rhinweddau yng ngwymon y môr a fyddai'n cynorthwyo fy nghloffni. Deuai'r dynion â beichiau o wymon i'n tŷ ni a byddai'n rhaid imi eistedd yn llonydd a gadael iddyn nhw ei lapio am fy nghoes. Doeddem ni ddim yn cael mynd i nofio yn y môr yn blant – roedd y ceryntoedd yn rhy beryglus o gwmpas yr ynys a doedd neb ar Enlli yn medru nofio, gan mai bod yn rhyfygus fyddai hynny. Ond caem fynd i eistedd mewn ambell bwll weithiau – pyllau gwymon, wrth gwrs!

Cafodd fy rhieni wybod fy mod yn dioddef gan *infantile paralysis* (polio) ond nad oedd dim byd y medrent ei wneud ar y pryd. Aeth Mam â fi i weld arbenigwr yn Lerpwl yn Nhachwedd 1934 pan oeddwn yn bedair oed a dychwelais yno i Ysbyty Heswall ar 2 Ionawr, 1935. Roeddwn yno hyd 22 Tachwedd y flwyddyn honno – cefais dair llawdriniaeth ond rhai aflwyddiannus oeddent. Roedd y daith yno yn dipyn o saga i ferch fach bump oed – doedd Mam ddim yn medru fy nanfon, felly trefnwyd cadwyn o hebryngwyr i ofalu amdanaf. Aeth un o gychwyr Enlli â fi i Aberdaron a'm trosglwyddo i ofal pobol Tŷ Newydd, Aberdaron. Bûm yn eistedd ar gadair yno nes y daeth bys Pwllheli. Daeth Anti Magi i'm cyfarfod ar y Maes yn y dref gan fynd â fi i'w chartref yn Church Place nes ei bod yn amser mynd i ddal y trên. Ymddiriedwyd yn y gard wedyn i ofalu amdanaf yr holl ffordd i Lerpwl ac yno yn fy nghyfarfod roedd Anti Meri ac Yncl Dic a aeth â fi i'r ysbyty.

Caniateid ymwelwyr ar y Sadwrn cyntaf ym mhob mis – ond dim ond unwaith y medrodd Mam ddod i'm gweld, sef y Sadwrn cyntaf ym mis Awst pan oedd hi'n wyliau ysgol. Bu'n rhaid imi gael sblint ar fy nghoes wrth imi dyfu – roedd un goes gryn bum modfedd yn llai na'r llall. Ond pwysleisiai fy mam bob amser nad oeddwn i yn ddim gwahanol i bawb arall.

Y Capel a Phlas Lleuddad pan oeddem yn byw yno yn y 1930au

Wrth setlo yn ein cartref newydd, Plas Lleuddad (Tŷ Capel), roedd Gwyn mewn oedran ysgol ac felly yno byddai gyda Mam. Ond ymhen chwe mis aeth fy nhad yn wael – roedd yn dioddef o'r diciâu, a bu'n rhaid iddo ddychwelyd i'r Tir Mawr i fyw gyda Nain yn y Groeslon. Doedd dim dewis ond fy mod innau bellach yn dilyn Mam a Gwyn i'r ysgol. Yn union cyn i 'Nhad adael, roedd Mam wedi beichiogi gyda Gordon a chafodd ei eni yn un o'r bythynnod bach yn Aberdaron ar 15 Ionawr, 1933. Unwaith y ganwyd y babi, aed ag ef i'w fagu at Nain a Taid ym Mhwllheli a dychwelodd Mam i Enlli i ddal ati gyda'i gwaith yn yr ysgol. Bu farw fy nhad yr haf hwnnw – Awst 1933 – a bedyddiwyd Gordon ar yr un diwrnod ag y claddwyd Dad.

Pan ddaethom ni i fyw ar yr ynys, roedd 35 oedolyn ac 17 o blant eraill yn byw arni. Pan adawsom yn 1938, dim ond saith oedolyn a thri phlentyn oedd ar ôl arni wedyn. Gadael

Gordon fy mrawd ar ei wyliau gyda ni ar Enlli – mae Gordon rhyngof i a Jane Tŷ Pella ym mlaen y llun.

er mwyn i ni'r plant gael addysg uwchradd oedd penderfyniad Mam. Roedd ein teulu wedi'i daro'n galed ac yn greulon ddwywaith gan wasgfa'r tri degau – gadawyd ni'n fethdalwyr ac ychydig fisoedd yn ddiweddarach bu farw fy nhad o'r ddarfodedigaeth.

Adeilad un ystafell oedd ysgol Enlli, gyda rhyw bymtheg ohonom yno rhwng 2-14 oed, a'r plant hynaf yn helpu'r plant lleiaf. Roedd pob un o'r plant yn medru darllen yn bedair oed. Yno hefyd roedd gramaffon, piano, pianolo ac amgueddfa fechan am hanes yr ynys a phethau hynod fel wy estrys, cwrel pinc a darnau arian o wledydd tramor. Pan oeddwn i yno, roedd *Llyfr Mawr y Plant* newydd ei gyhoeddi am y tro cyntaf ac roedd yn ffefryn mawr gennym.

Roedd gramaffon HMV o ansawdd rhagorol yn yr ysgol a hefyd radio 'weiarles'. Defnyddid y weiarles i ddysgu Saesneg – un o'r tasgau beunyddiol i'r plant hynaf oedd cofnodi 'Rhagolygon y Tywydd' ar lechen – roedd y rhagolygon yn cael ei ddarllen ar gyflymder y gellid ei gofnodi ar bapur bryd hynny. Diben arall yr ymarferiad hwn oedd bod Mam yn cael gwrando ar y rhagolygon ac yna'n medru mynd i'w hadrodd wrth deulu Cristin ar ôl yr ysgol.

Roeddem yn hoff iawn o gael ymwelwyr ar yr ynys – roedd yn torri ar undonedd yr ysgol un athro. Deuai nifer draw atom yn achlysurol: C. H. Dodd, George M. Ll. Davies, y gweinidog a'r heddychwr, a Tom Nefyn y pregethwr. Doedd eraill ddim mor boblogaidd chwaith. Ddwywaith yn ystod cyfnod fy mam fel athrawes ceisiodd yr arolygwyr ysgolion ddod draw i asesu'r ysgol, a dwywaith mi fethon nhw â dwad. Dyma beth oedd y drefn:

Dosbarth 1934 gyda Mam o flaen yr ysgol. Roeddwn i yn yr ysbyty bryd hynny.

- Byddai'r HMIs yn cysylltu â'r brifathrawes gan nodi dyddiad yr ymweliad a gofyn iddi drefnu bod cychwr yn dod i'w nôl o draeth Aberdaron ar amser penodedig.

- Byddai'r cychwr yn disgwyl ar y traeth a phan ofynnai'r arolygwyr oedd y môr yn iawn iddyn nhw groesi, ateb y cychwr bob tro oedd: 'Ydi, mi âi â chi draw yno. Ond welwch chi'r cymylau yna tua'r gogledd-orllewin – mi fydd y gwynt yn codi ddiwedd y bora a dyna hi wedyn. Ddown ni ddim â chi nôl am o leiaf tridiau.'

(o'r dde) George M. Ll. Davies a Stanley Davies, ei frawd – gŵr fy Anti Emy

- Ac ateb yr arolygwyr bob tro oedd: 'Dyna ni 'ta. Mi adawn ni hyn tan rywdro eto.' Dynion craig dan eu traed oedden nhw ac roedd hi'n well ganddynt ddychwelyd yn waglaw i Gaernarfon na mentro i'r ynys. Ond doedden nhw'n gwybod dim am gymylau chwaith!

Bu George M. Ll. Davies yn weinidog yn ardal Aberdaron ac roedd yn gwerthfawrogi cymeriad y lle a'r bobl. Sgwennodd am gymeriad agored yr ardalwyr yn y *Ford Gron*:

Cofiaf glywed am weinidog Enlli wedi cyrraedd y Tir Mawr ac yn cyfarch Wil Saer oedd yn gweithio ar do yr eglwys. Yr oedd Wil wedi pori gydag aml enwad ac wedi diweddu gyda'r Bedyddwyr Bara a Chaws.

'Be wyt ti 'rwan, Wil?' meddai'r pregethwr.
'Uchel Eglwyswr,' ebe'r hen wag yn ddidaro.
'Yr achlod fawr, sut felly?' meddai'r bugail.
'Wel, 'rwy'n gwneud tipyn o drepars ar lofft y Llan ac felly rwy'n uwch na nhw i gyd,' meddai'r hen Saer.

Yn y dyddiau hynny yr oedd crefftwr yn ddyn ac nid yn beiriant, ac yn cael ei adnabod wrth ei grefft: Wil Saer, Betw'r Gegin, Rhisiart y Crydd, a Huw'r Felin. Diolch bod yr hen ddull Cymreig yn parhau yn Aberdaron hyd heddiw yn wyneb 'dull y byd hwn,' sy'n ceisio lefelu dynion gan enwau nes yw pob llipryn gwasaidd yn hawlio enw 'Mistar'.

Gweddillion hen Abaty Enlli

Mae'n sôn hefyd am arferion claddu ar Enlli:

> 'O un i un fe â'r hen dylwyth o bysgotwyr heibio; o un i un daw hen drigolion o Enlli i fan eu hir gartref. Ond y mae hen bennill y cynhebrwng cyn gwthio'r cwch o'r cafn i'r môr yn Enlli yn dal ei dir o hyd:
>
> Ffarwel, gyfeillion annwyl iawn,
> Dros ennyd fach yr ymadawn,
> Henffych i'r dydd cawn eto gwrdd
> Yn Salem lân o ddeutu'r bwrdd.
>
> Ni wn a feddaf syniad gwell am nefoedd na chyfarchiad y

Anti Amy, Peter Scott (mab Prof C. H. Dodd), Tom Nefyn (a finnau yn ei freichiau), Lockley a George M. Ll. Davies. Gallwch weld yr esgid wadan uchel ar fy nhroed chwith yn y llun hwn.

Carreg Bach

Nant a Thŷ Nesa

teulu a chroeso'r gymdeithas bur a dirodres a welwyd ymysg y Saint, hen a diweddar, yn Aberdaron ac Enlli:

Minnau yn llesgedd fy henaint
Hoffwn, cyfrifwn yn fraint
Gael treulio yno mewn hedd
O dawel ymneilltuedd
Eiddilion flwyddi olaf
Fy ngyrfa yn noddfa Naf.
Byw arno, byw iddo Ef
Mwy yn ddiddig mewn hedd addef
A dal cymundeb â'r don
Byd ail o ŵydd bydolion
Heb dyrfa byd heb derfyn
Ond y gwyrddfor gefnfor gwyn
O'n holl fyd Enlli a fo
Iach wlad i'm haul fachludo.

Roedd cyflwr y tai yn dda – roeddent yn adeiladau cadarn gyda muriau gwarchodol uchel yn cadw'r tywydd o'r buarthau. Codwyd pob un ond un ohonynt – Carreg Bach – tua 1850, gyda llawer o'r meini, yn anffodus, wedi'i bachu o adfeilion yr hen abaty. Rhyw 444 acer o dir y gellid ei droi sydd ar yr ynys a dibynnai'r trigolion ar y caeau bychain a'r môr am eu cynhaliaeth. Delid digon o grancod a chimychiaid mewn cewyll a chaent eu gwerthu i'r cwch Trinity House oedd yn mynd a dod at ddynion y goleudy. Ambell dro, byddai'r cwch hwnnw yn mynd o Enlli yn syth i Lerpwl a byddai prisiau da am y cynnyrch bryd hynny.

Nid oedd melin, gefail, siop, tafarn, crydd na'r un crefftwr

Un o hogiau Cristin yn cadw llygad ar y plantos yn y drol yn 1934: Wil Cristin (cefn, chwith), Gwyn fy mrawd (yn sefyll yn y cefn), finnau (ar y dde o'i flaen) a thri o blant Nant yn y blaen: Mary, Gwilym a Gwyndon.

penodol ar yr ynys. Ond roedd pob un o'r dynion yn dda gyda'u dwylo ac yn medru troi at bob math o waith. Dysgais sut oedd byw yn annibynnol ar Enlli.

Prynid pedolau parod ar y Tir Mawr ond un o ddynion Enlli – heb hyfforddiant gof – oedd yn gosod y pedolau ar y ceffylau. Cyn ein hamser ni, roedd y dynion wedi adeiladu cwch ac roedd honno wedi ennill y ras yn Rigata Aberdaron.

Un teulu mawr – o reidrwydd – oedd pawb oedd yn byw ar yr ynys. Câi pob oedolyn ei alw wrth ei enw cyntaf ac enw'i dŷ – Nel Tŷ Pella, Lizzie Kate Cristin, Jane Nant ac ati. Nid oedd clo ar un o ddrysau'r ynys, nos na dydd, a fyddai neb yn aros ar riniog y drws am ateb – dim ond cnoc, codi'r glicied a cherdded i mewn i ganol beth bynnag fyddai'n digwydd ar yr aelwyd ar y pryd. Chydig o sylw a roddid i wisg a chyflwr y cartref yn y gaeaf ond unwaith y byddai'r dyddiau'n ymestyn a goleuo, byddai glanhau mawr ar droed. Cyrhaeddai'r catalogau a byddai'r gwragedd yn archebu dillad gwlâu newydd, tywelion, ofyrôls a ffedogau. Catalogau Oxendales a J. D. Williams oedd y ffefrynnau.

Câi cynnyrch y tir a'r gerddi eu rhannu yn ogystal. Os byddai rhychaid o datws newydd yn barod ar un fferm cyn pawb arall, byddai pawb yn rhannu'r tatws nes byddai rhagor ar gael. Yr un drefn yn union pan ddelid helfa dda o bysgod. Rhannu ein hwyau y byddem ni oherwydd dim ond ieir oedd Mam yn eu cadw.

Yr unig nwydd nad oedd yn cael ei ystyried yn eiddo cymdogol oedd broc môr. Gwyliai'r dynion y llanw a'r ceryntoedd, y lleuad a'r gwyntoedd gyda llygaid craff, a byddent yn aml yn mynd i gasglu broc môr yng ngolau llusern. Trosedd anfaddeuol oedd cymryd pren oedd wedi'i lusgo'n uwch na'r llinell benllanw. Os byddai dau ddyn yn chwilio'r glannau yr un pryd, nid y cyntaf i weld y brocyn fyddai'n medru'i hawlio – ond y cyntaf i roi ei law arno. Styllod, hatshis cyfan a phreniau da o bob maint – roedd y rhain i gyd yn gyffredin iawn ar lannau'r ynys, gan gynnwys pob math o drugareddau eraill oedd wedi'u taflu i'r môr o stemars Môr Iwerddon.

Roedd y chwiw broc môr wedi cydio yn Mam a ninnau'r plant yn ogystal. Roedd hi'n gyffrous iawn cael mynd i hel y broc, neidio i fyny ac i lawr rhwng y creigiau ac edrych oddi tanynt i chwilio am dameidiau. Yn fuan iawn, daethom yn hen law ar wybod lle'r oedd y cilfachau gorau. Nid oedd gennym ddefnydd i'r coed mwyaf ond byddem yn eu llusgo adref yn llawen a'u rhoi i bwy bynnag oedd ei angen. Y darnau lleiaf o goed tân oedd yn ateb ein gofynion ni. Ynys foel heb goed arni yw Enlli – dim ond un fasarnen fechan, ddi-siâp oedd yno yn y 1930au ac un goeden afalau. Roedd digon o eithin ar y mynydd ac yn y cloddiau ond roedd llifio pren eithin yn golygu treulio hydoedd yn tynnu pigau o'r dwylo a'r bysedd ar ôl hynny. Felly roedd broc o'r môr yn ynni i'w groesawu'n fawr.

Popty tân glo a ddefnyddid ar gyfer yr holl goginio ymhob tŷ, wrth gwrs. Does dim all guro popty brics hen ffasiwn gyda thân oddi tanynt ar gyfer crasu bara. Roedd honno yn orchwyl wythnosol – un diwrnod, drwy'r dydd. Ni fyddid byth yn prynu cacennau – câi'r cyfan eu pobi gartref gan ddefnyddio menyn cartref ac wyau pen domen. Ar ôl pobi, byddai llond llestr pridd o bwdin reis yn cael ei roi yn y popty a'i adael dros nos. Erbyn y bore, byddai'n drwchus a hufennog, yn groen cras a bendigedig.

Roedd bywyd ar yr ynys yn rhyfeddol a rhamantus i Mam a ninnau, a thangnefeddus y tu hwnt i bob dirnadaeth – ond yn ofnadwy o galed hefyd. Er ei bod hi'n dawel yno, nid oedd yn lle unig. Unigedd nid unigrwydd oedd yno. Hyd yn oed ar gopa Mynydd Enlli, nid oeddwn yn teimlo fy mod ar fy mhen fy hun. Roedd Mam wedi byw ym Manceinion am saith mlynedd ac roedd hi wedi teimlo unigrwydd mewn torfeydd wrth gerdded drwy Deansgate ac ar hyd Market Street. Doedd neb yn unig ar Enlli.

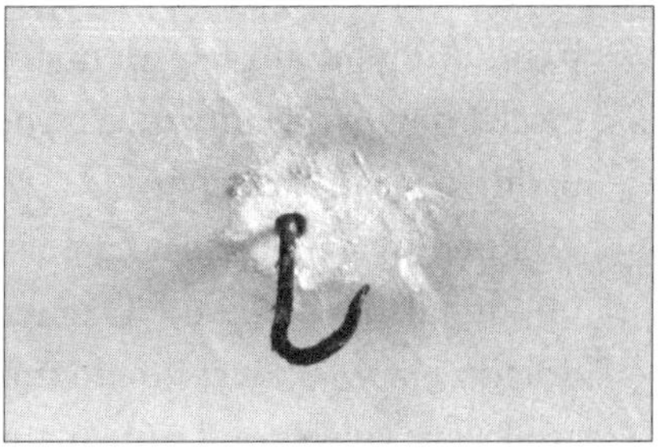

Bachyn i hongian cig moch yn y gegin gefn

Tu mewn i Blas Lleuddad cyn y gwaith addasu gan Ymddiriedolaeth Enlli. Roedd cannoedd o lygod bach ar Enlli (ond dim un llygoden fawr!). Rwy'n cofio Mam yn dal tortsh yn y nos a llygaid llygoden fach yn goleuo ar y grisiau. 'Gwenda! Dos i nôl y procar!' meddai hi!

Yr unig rai ar yr ynys oedd yn cael arian yn gyson oedd Mr Evans y gweinidog, dynion y goleudy a Mam. Pan gyrhaeddai catalog, byddai Mam yn derbyn archebion yr ynyswyr eraill ac yn talu am y nwyddau ei hun a hwythau wedyn yn ei had-dalu fel y medrent. Rwy'n cofio Mrs Williams, Nant yn dod acw i ordro ac yn gofyn am hwn a'r llall o'r catalog, fel tae o'n llythyr Siôn Corn. Mam yn dweud am un nwydd yn y diwedd – 'Fedra i ddim cael hwn ichi.' Doeddwn i ddim yn deall dim ar hyn pan oeddwn yn blentyn, ond mi fedraf sylweddoli mor anodd oedd pethau bryd hynny erbyn hyn. Ond yr hyn a wnâi Mam oedd ychwanegu un bocs o fisgedi siocled at y rhestr a phan fyddai'r ordor yn cyrraedd yr ynys, byddai pawb yn ymgasglu yn Cristin i dderbyn ei archebion. Yna byddai Mam yn agor y bocs bisgedi a byddai pawb yn cael dewis ei ddanteithion. Dwi'n cofio'r benbleth oedd yn fy mhen i ar adegau felly – p'run ai mynd am fisgeden siocled yr oeddwn yn medru ei gweld neu fynd am un o'r rheiny mewn papur arian nad oeddwn yn medru ei gweld.

Roedd y catalogau'n cael eu hailgylchu hefyd – o rwygo un dudalen o gatalog Oxendale yn ei hanner, roedd yn ddigon i lapio un wy! Roedd mochyn mewn cwt ym mhob tŷ arall ar yr ynys – ond nid yn ein tŷ ni. Felly roedd holl sgraps a sbarion bwyd ein haelwyd ni yn mynd i'r ieir. O ganlyniad roeddan nhw'n rhai da iawn am ddodwy – dim ond ein ieir ni fyddai'n dodwy drwy'r gaeaf. Oherwydd hynny, roedd gennym ni farchnad oedd yn talu'n dda bryd hynny gan mai ni oedd yn cyflenwi wyau i ddynion y goleudy. Câi Mam chwecheiniog y dwsin amdanynt yn y gwanwyn a hyd at

Tŷ bach Plas Lleuddad. Am ryw reswm, yn Saesneg y bydden ni'n siarad efo'r ieir ac enwau fel 'Brownie' a 'Goldie' oedd ganddon ni arnyn nhw. Ond roeddan nhw'n ddof a chymdeithasol iawn – pan fydden ni'n mynd i'r tŷ bach, byddai'r ieir yn dod i eistedd wrth ein hochr ni!

ddeuswllt y dwsin yn y gaeaf. Gan fod digon ohonynt, roedd cig cyw iâr yn gyffredin iawn – fel cig cranc a chig cimwch – ac nid yn destun gwledd fel mewn mannau eraill.

Byddai llawer o rannu llafur, wrth gwrs – ymunai pawb â'i gilydd ar gyfer golchi a chneifio'r defaid. Byddai'r defaid yn pori ar dir comin y mynydd a phan fyddai'n rhaid hel y mynydd, byddai rhywun o bob teulu a phob ci ar yr ynys yn ei chychwyn hi o un pen a hel y defaid i gyd gyda'i gilydd. Byddai'r gwragedd yn gweu yn gyson ar yr aelwydydd – sanau, menig a phethau o'r fath.

Anfantais yr ynys oedd ein bod yn hollol ddibynnol ar groesi'n ôl ac ymlaen i'r Tir Mawr ar gyfer rhai anghenion. Weithiau, wedi dyddiau o ddrycin a gwyntoedd brochus, byddai nwyddau'n brin yn y tai. Mae'n ynys heb afon – ond mae deuddeg o ffynhonnau arni. Roedd gan bob tŷ ei ffynnon ei hun ac mae enwau diddorol ar rai ohonyn nhw – Ffynnon y Brenin, Ffynnon y Barf, Ffynnon y Baglau. Roedd hwnnw fel aur ac yn cael ei gadw ar gyfer ei yfed yn unig. Byddem hefyd yn hel dŵr glaw ar gyfer anghenion eraill. Roedd yn rhaid glanhau'r ffynnon o leiaf unwaith y flwyddyn – ac roedd hwnnw yn ddiwrnod hir iawn.

Nid oedd dim papur newydd yno (dim ond pentwr yn cyrraedd bob rhyw dair wythnos), dim plismon, dim modur o unrhyw fath na theleffon ar yr ynys yn y tri degau. Roedd tair sèt radio ar yr ynys – yn yr ysgol, Plas Lleuddad a Christin. Eto, tra buom ni'n byw arni, ni welsom neb yn anghenus chwaith. Os byddai'r dail te yn darfod mewn un tŷ, byddai pawb yn rhannu ei weddillion a chyn sicred â phader, byddai'r ddrycin wedi gostegu cyn bod y llwyaid olaf wedi mynd i'r pot.

Roedd cyflenwad o furum yn bryder arall, ond cyn belled â bod blawd ar gael, byddai popeth yn iawn. Cadwai bob teulu chydig o does yr wythnos cynt rhag ofn i'r burum ddarfod – ond chawsom ni erioed achos i'w ddefnyddio, felly ni fedraf honni a oedd hynny'n gweithio ai peidio. Pan fyddai storm yn tawelu am ychydig, gwthid cwch i'r dŵr a chroesid am Aberdaron i gael yr hyn oedd yn hollol angenrheidiol. Weithiau cyrhaeddai cwch Trinity House – y *Beacon* – gyda chyflenwad ffresh i weithwyr y goleudy a byddent hwythau'n rhannu'r nwyddau gyda ni. Yr hyn y byddem yn diolch amdanynt daeraf oedd sigaréts a thybaco i'r dynion a burum i'r merched!

Hen sglyfaeth o beth oedd yr awydd am faco. Ddiwrnod

Yn y cefn: Lisi Cêt, Cristin a'i mam (Nain Cristin i ni yn blant); fy nhad gyda het a sigaret; hogiau Cristin sydd yn y blaen, gydag ymwelwyr ar yr ynys.

Dau ymwelydd yn gwylio Wil Cristin yn trin pedol ceffyl ar fferm Cristin

neu ddau wedi i'r stoc ddarfod, byddai'r dynion yn gwrthod gwneud dim byd. Roedd hi'n fyd caled ar y gwragedd yr adegau hynny. Byddent yn fodlon rhoi cynnig ar unrhyw beth – sychu dail te, dail carn yr ebol ac ati – er mwyn i'r dynion gael smôc. Byddai Mam yn cadw pacedi o sigaréts a blwch o faco wrth gefn er mwyn gweddill merched yr ynys ar adegau o'r fath. Dysgodd storio nwyddau o Bwllheli hefyd – sachaid o flawd, cant o siwgwr, cist o de, bocsys o ffrwythau, cigoedd a physgod tun a phacedi o fisgedi a fferins ac ati.

Yn y dyddiau gynt, y gweinidog oedd prif arweinydd y gymdeithas. Roedd Enlli yn gymdeithas glòs o naw teulu ac fel y mae hi mewn teulu, byddai yna ffraeo ac anghytuno chwyrn weithiau. Y gweinidog, yn draddodiadol, fyddai'n setlo materion o'r fath ac yn cadw'r heddwch. Ond doedd Mr Evans ddim yn dderbyniol gan bobl Enlli i barhau â'r rhan honno o'i alwedigaeth. Mae'n debyg ei bod yn amhosib siarad gydag o. At Mam y deuent wedyn er mwyn iddi hi geisio tawelu'r dyfroedd. Roedd yr ynyswyr yn meddwl y byd ohoni. Ond fedra i ddim ond dychmygu pa mor galed oedd hi ar Mam yn y blynyddoedd hynny – gofal yr ysgol arni, dau blentyn ifanc ar yr aelwyd, yn wraig weddw a babi ar y Tir Mawr.

Byddai'r heddlu yn galw ar yr ynys rhyw unwaith y flwyddyn. Os byddai'r dynion yn dod ar draws esgyrn wrth aredig y caeau, roeddent yn eu cadw gyda'i gilydd o'r naill du ar gyfer ymweliadau'r heddlu. Yna byddent yn cael eu dwyn ymaith er mwyn cadarnhau mai rhai hynafol oedden nhw – ac nad oedd rhywun wedi claddu corff diweddar ar yr ynys.

Roedd hi bob amser yn hawdd cael pris da am anifail

oedd wedi'i fagu ar Enlli ond roedd llwytho'r bustych a'r heffrod bywiog yn waith caled, yn arbennig pan geid ambell greadur go styfnig. Waeth pa mor daer a dyfal y byddid yn tynnu a gwthio, byddai ambell un yn gwrthod yn lân â neidio i mewn i'r 'Cwch Cyffylau' – cwch mawr Enlli. Roedd ambell gargo yn hwyl hefyd – byddai merched yr ynys yn cael diwrnod o wyliau pan fyddid yn llwytho'r anifeiliaid, ac yn arbennig felly pan gâi'r moch eu llwytho. Gadawent eu gorchwylion a dod i lawr i'r Cafn i wylio'r miri.

Roedd y merched yn llawer mwy caeth na'r dynion. Pan groesai'r dynion i Aberdaron, byddai'r merched yn aros ar yr ynys i edrych ar ôl yr anifeiliaid. Byddai Mam yn manteisio ar y cyfle hwnnw i roi help llaw gyda'r godro ym meudai'r cymdogion. Wedi dweud hynny, roedd hi'n well gan rhai

Ceisio perswadio tarw trafferthus i fynd i mewn i'r cwch

Anifail yn y 'Cwch Cyffylau' yn y Cafn

Wil Cristin wedi dal clamp o gimwch.

Un arall o hogia Cristin gyda'i helfa a'i gawell gron.

merched aros gartref hyd yn oed pan fyddai ganddynt gyfle i fynd i'r Tir Mawr. Arhosodd un wraig ar yr ynys am bymtheg mis, ac un arall am ddwy flynedd gyfan. Tlodi oedd y rheswm dros hynny – nid oedd ganddynt arian i adael am ddiwrnod hyd yn oed. Mae'n rhaid nad oedd bywyd yn rhy ddrwg yno felly a sawl gwaith yn ystod fy mywyd, byddwn wedi bod yn fodlon dychwelyd yno o dan yr un amodau a oedd yno yn y tri degau.

Roedd bywyd ar yr ynys yn iachus iawn i ni'r plant. Ond weithiau roedd hi'n anorfod bod yn rhaid cael sylw meddygol o'r Tir Mawr. Dwi'n cofio un o'r plant yn cael poenau apendics a bu'n rhaid ei rhuthro dros fôr a thir i ysbyty Bangor. Y dull o gael neges am argyfwng o'r fath i'r Tir Mawr oedd cynnau coelcerth ar ben Mynydd Enlli. Wedi derbyn y neges anfonwyd am ddoctor o Bwllheli. Ar wahân i hynny, dibynnem ar feddyginiaethau cartref – wermod lwyd, triog a sylffyr, tun o gol-tar a phrocar poeth, saim gŵydd ar bapur brown, sebon a siwgwr, *tincture of rhubarb, castor oil,* a *syrup of figs.*

Doedd dim llwynogod, llygod mawr, nadroedd na llyffaint ar Enlli. Ond roedd yno ddigonedd o lygod bach a morloi a mwy na digon o gwningod yn y tri degau. Roedd pob math o adar yno wrth gwrs, ac ugeiniau ohonynt yn cael eu denu gan y golau ac yn hedfan yn erbyn y goleudy. Roedd yr arfordir yn beryglus mewn mannau i ni'r plant. Mae deugain a phedair o ogofâu ar yr ynys ac mae enwau difyr ar lawer o'r rheiny – Ogof y Gaseg, Ogof Ystwffwl Glas, Ogof y Morlo, Ogof y Lladron, Ogof Diban ac Ogof y Crancod.

Rwy'n cofio un tro trwstan yn codi oherwydd yr holl

(530th Concert AWST 23ain 1937)
40 years ago on Bardsey

Bardsey Island and its history has been much in the news in recent months since it was put up for sale and was taken over by the Bardsey Island Trust.

Memories of the days when it accommodated a flourishing community were revived in an article in this paper last December and this has prompted Mr. Justin Evans, O.B.E., of Church Stretton, Salop, to send us the photographs on the right.

He says: "In the 'twenties and 'thirties, I spent frequent holidays at Aberdaron and made many visits to Bardsey during them. Among the photographs I took on those visits were these two. They must be unique. They were both taken on the same occasion in August 1937, when Cor Telyn Eryri from Beddgelert paid a visit to give a concert to the inhabitants of the island in fulfilment of a promise. The concert was given in the school there. One of the photographs shows all the inhabitants of the island at that date assembled to hear the concert—I don't suppose that they are likely to have been photographed together at any other time. The other shows Cor Telyn Eryri ready to give the concert. The small boy in the centre background, is now Professor Osian Ellis, C.B.E., the internationally famous harpist. At the time of the photo he was nine years old."

The inhabitants of Bardsey Island, assembled to hear a special concert given by the members of Cor Telyn Eryri of Beddgelert at the Bardsey School in August, 1937. It is believed to be the only picture ever taken of all the islanders in one group.

Pictures: Justin Evans, Church Stretton

Members of Cor Telyn Eryri of Beddgelert, outside the Bardsey School after giving a special concert to the Islanders in 1937. The small boy in the centre background is now Professor Osian Ellis, C.B.E., the internationally famous harpist. He was then nine years old.

Island To Have Its First Concert Party

Cor Telyn Eryri, concert party from Beddgelert (Caernarvonshire), are to give Bardsey Island, in North Cardigan Bay, its first concert tonight.

The party will travel by motor-boat from the mainland to the island. They will not have a large audience—the island's total population is only about 58.

Toriad o lyfr lloffion Telynores Eryri

(diolch i Adran Gerdd Prifysgol Bangor)

ofynion oedd ar Mam. Byddai Mam yn gadael i Gwyn a minnau adael yr ysgol am chwarter i hanner i gerdded ar draws yr ynys i'n tŷ ni i oleuo'r stôf baraffîn inni gael paned gyda'n cinio. Hanner tan un oedd yr awr ginio, ac roedd hi'n dipyn o wasgfa ar Mam i wneud popeth a cherdded yn ôl ac ymlaen i'r ysgol o fewn yr amser hwnnw. Cyn ei throi hi'n ôl at waith y pnawn, byddai'n rhoi matsien yn y tân oer – ar ôl ei wlychu gyda chydig o baraffîn – fel bod y tŷ'n gynnes pan ddeuem o'r ysgol ddiwedd y pnawn. Ceisio ysgafnu baich Mam oeddwn i rhyw ddiwrnod pan benderfynais, yn hogan saith oed, gynnau'r tân ar ôl cynnau'r stôf. Yn anffodus mi arllwysais beth coblyn gormod o baraffîn dros y lle ac unwaith y cynheuais fatsien, dyma'r fflamau'n llamu i fy ngwyneb gan losgi fy ngwallt a fy aeliau. Dychrynais a rhedeg i guddio yn y twll dan grisiau – ond cafodd Mam o hyd imi a chefais glewtan arall ar ben y llosgiadau.

Dim ond ar y Sadyrnau y byddai Mam yn pobi ond byddai gwragedd eraill yn crasu bara ddwywaith dair yr wythnos. Ganol yr wythnos felly byddwn yn cael fy anfon i Gristin ar ôl ysgol i nôl torth ffresh. Cefais grystyn poeth a menyn arno gan Lisi Cêt yn fan'no un o'r troeon hynny ac anfonodd fi ar neges at Mr Evans y gweinidog. Doeddwn i ddim eisiau iddo weld fy nghrystyn, felly mi'i gadewais ar ben y clawdd cyn mynd at y tŷ – ond pan ddois i'w mofyn, roedd morgrug drosto i gyd. Dwi'n dal i gofio am y crio mawr hwnnw hyd heddiw.

Nid oes gan yr un ynys arall yng Nghymru yr un apêl iddi ag Ynys Enlli. Mae oes y myneich a'r seintiau wedi hen fynd heibio – ond nid ydynt wedi'i gadael chwaith. Roedd y brenin

Llond cwch o ymwelwyr yn cyrraedd y Cafn

Goleudy Enlli yn y 1930au. Doedd dim llawer o gysylltiad rhwng ynyswyr a dynion y goleudy, gan mai Saesneg oedd eu hiaith hwy. Weithiau byddent yn dod i weld Mam fin nos, ar ôl i Dad farw. Byddai Mam yn ein codi ni'r plant o'n gwlâu ar yr adegau hynny – yn rhyw fath o siaperons, mae'n siŵr! Byddem ni'n falch o'u gweld bob tro oherwydd byddem yn siŵr o gael da-da a ffrwythau ganddyn nhw. Byddai Mr Edward Evans y gweinidog yn galw gyda'r nos weithiau hefyd – ond y cof sydd gen i ydi bod ei frethyn Cymreig yn pigo'n ofnadwy ar groen merch fach yn ei choban.

olaf yn gymeriad a hanner oedd yn cael ei anwylo gan bawb. Mae mwy o sôn am y lle nag erioed y dyddiau hyn – a thrwy'r cyfan mae'n parhau'n ynys ddirgel ac ysbrydol. Hon oedd 'Rhufain Prydain'. Mae'n sefyll ar wahân, fel castell yn y tonnau yn cadw golwg ar y moroedd gwyllt ar ran y Tir Mawr. Dyma un o'r llefydd mwyaf cyfareddol imi ei brofi erioed.

Rhai o hen feddyginiaethau Enlli:

Annwyd – taenu saim gŵydd ar bapur llwyd a gratio nytmeg drosto, yna'i lapio am y cefn a'r frest.

Dolur gwddw – lapio hosan fudur am y gwddw a llyncu llwyaid lawn o driog du a sylffyr melyn.

Plorod – cymysgu powltis o sebon a siwgwr a'i roi ar y ploryn a'i adael yno nes bod y crawn yn llifo ohono.

Poen bol/Camdreuliad – wermod lwyd; tyfai llwyn ymhob gardd ar yr ynys; berwi ychydig ddail mewn dŵr ac yfed y trwyth chwerw.

Pob math o salwch a chlefyd – asiffeta; hwn oedd yn sicr o wella pob afiechyd – gan ei fod mor afiach ei flas, roedd pob claf yn teimlo'n well yn fuan iawn ar ei ôl, rhag iddo orfod cael dôs arall o'r hen beth.

* * *

Ar draws y genlli...

AN OEDD plant yn mynd i'r ysgol
Ynys Enlli yn y 30au yr unig
ordd i gyrraedd y tir mawr ar
raws y swnt oedd â chwch, a
ynny pan oedd y môr mewn tymer
da.

Ond, rai wythnosau'n ôl aeth un-
-ddeg o gyn-ddisgyblion ysgol Enlli
no ac yn ôl ar hofrennydd. Ychydig
dychmygodd yr un ohonyn nhw
an oeddynt yn blant yn yr ysgol
n 1934 y byddai'r fath beiriant yn
cludo yno, nac i unman arall o
n hynny.

A nos Fawrth yn y gyfres *Ddoe a
eddiw* bydd cyfle i weld yr
nweliad hanesyddol hwn a
dmiwyd gan HTV Cymru.

'Dyma un o'r aduniadau mwya
yfeddol a drefnwyd yn ystod y
fres hon,' meddai
wyn Erfyl, sy'n
flwyno'r gyfres,
an fod
ugain
lynedd
nwy
edi
mynd heibio er pan welsant ei gilydd.'

Yn y 30au 'roedd naw o deuluoedd yn byw ar yr ynys a physgota a ffermio oedd eu bywoliaeth. Erbyn hyn un gŵr sy'n ffermio Enlli.

Bob haf mae Mrs Nellie Evans, mam Mrs Jane Roberts, a welir yn penlinio yn y llun, yn dychwelyd i'r ynys ac yn byw yn yr hen ysgol sydd wedi ei throi'n gartref diddos.

Bu hi'n byw ar yr ynys am 42 mlynedd a hi yw'r unig Gymraes sy'n dal cysylltiad ag Enlli bellach.

Y 'plant' ddaeth yn ôl i'r ynys ar gyfer y rhaglen oedd Gwynfor Evans, Sarn; Mrs Elizabeth Jones, Sarn; Mrs Myra Knight, Wrecsam; Mrs Jane Roberts; Edward Jones, Northampton; William Williams, Botwnnog; William Evans, Uwchmynydd; Huw Williams; Gwyn Williams, mab y brifathrawes Mrs May Murray-Williams, Penybont-ar-Ogwr; a Gwyndon Williams, Wrecsam.

Cynhyrchydd y gyfres yw Meredydd Owen a'r ymchwilydd yw Michael Bayley Hughes.

Llun: Gerallt Llewelyn
"Plant" Ysgol Enlli Dosbarth 1934

Yn 1983 cafwyd aduniad o 'Ddosbarth 1934' ar Enlli ar gyfer rhaglen arbennig ar S4C gyda Gwyn Erfyl yn cyflwyno. Nid oeddwn gyda'r criw yma wrth gwrs – roeddwn i yn yr ysbyty yn Lerpwl ar y pryd – ond roedd Gwyn fy mrawd yno (blaen, chwith yn y llun). Roedd yn ddiwrnod unigryw gyda hofrennydd yn eu cludo dros Fynydd Enlli o'r Tir Mawr.

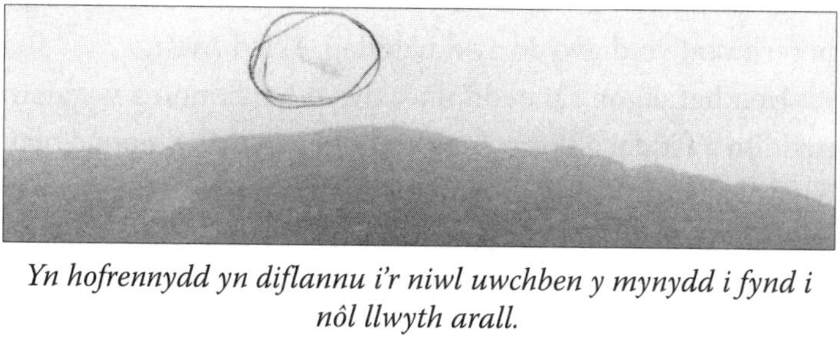

Yn hofrennydd yn diflannu i'r niwl uwchben y mynydd i fynd i nôl llwyth arall.

Ar 12fed Awst, 1993, profwyd diwrnod bythgofiadwy arall i'n teulu ni – cawsom ddychwelyd i'r ynys. Ers gadael y lle yn 1938, nid oeddwn i wedi bod yn ôl unwaith. Mae 55 mlynedd yn amser maith heb fynd yn ôl. Dros y blynyddoedd roeddwn wedi byw mewn nifer o ardaloedd a gwledydd tramor – aethom i fyw i Fryn Pydew yn gyntaf, gan fynychu ysgol uwchradd John Bright, Llandudno ac yna bûm yn byw yn Leeds, Stokesley, Panama, Llundain a Manceinion. Lle bynnag yr awn, byddai pawb wedi fy nghlywed yn siarad yn hiraethus iawn am yr ynys. Ond po hwyaf yr oedwn cyn dod yn ôl dros y Swnt, anoddaf yn y byd oedd hi. Ofn oedd y bwgan mawr. Roeddwn yn ofni y byddai'r cof a'r darlun atgofus, hapus a oedd gennyf o'm plentyndod yno yn cael ei chwalu'n ddarnau mân. Ofnwn golli breuddwydion plentyn. Ond doedd dim rhaid imi boeni!

Bu farw Mam yn ei hoff Bwllheli ym mis Mawrth 1993, yn 93 mlwydd oed. Penderfynais y dylwn fynd â'i llwch i'w wasgar naill ai ar Fynydd Mawr, Uwchmynydd neu ar Enlli. Ysgrifennais at ymddiriedolaeth yr ynys i ofyn a gawn eu caniatâd i wneud hyn a derbyniais ateb cadarnhaol a bod angen imi gysylltu â Dafydd Thomas. Doedd hynny ddim yn dasg hawdd ond gwnaed y trefniadau yn y diwedd a byddai'r bererindod yn digwydd ar ddydd Iau, 12fed Awst.

Hen haf digon sâl oedd un y flwyddyn honno a wyddem ni ddim a fyddai'n bosib i'r cwch fynd â ni hyd y munud olaf. Safai fy nheulu – pob un ond un yn dramorwyr o Loegr – ar draeth Porth Meudwy yn ceisio cael cip ar *Bugail Enlli* yn dod rownd y trwyn o Bwllheli. Roedd y dieithriaid yn methu â deall beth oedd yr holl helynt ynglŷn â'r tywydd. Pobol Tir

Gadael y ceir uwchben Porth Meudwy a'i chychwyn hi ar bwys fy ffon am y cwch

Megan a Bethan ar y cwch ...

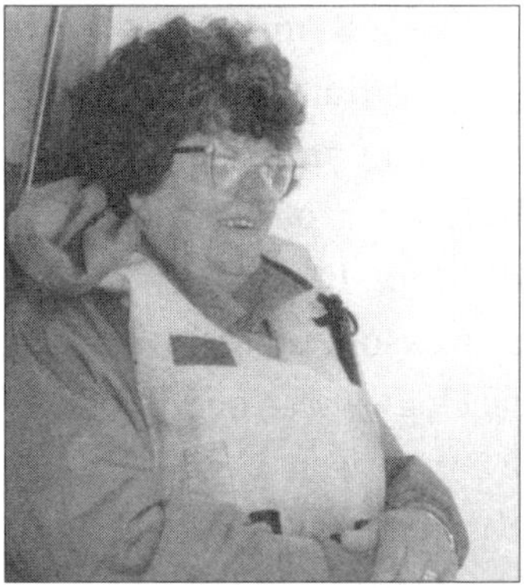

... a finnau'n eu dilyn

Mawr â'u traed yn sych ydyn nhw – ac ni allent weld dim heblaw dyfroedd tawel Porth Neigwl a gwyddent mai dim ond rhyw dair milltir o fôr oedd rhyngom a'r ynys. Beth oedd y broblem? Roedden nhw wedi fy nghlywed yn rhefru am gwch Enlli'n torri drwy donnau aruthrol wrth fentro'r Swnt –

ond mae'n rhaid mai dychymyg plentyn oedd hynny! Roedd yr hen Gwenda yn rhoi dipyn o raff i'w hatgofion!

O'r diwedd, dacw *Bugail Enlli*, gyda Dafydd Thomas wrth y llyw. Edrychai'r cwch modern fel morfil wrth ochr y sgadenyn bychan o gwch gydag injan yn ei ganol a llafn llywio yn ei gefn oedd yn mynd â ni yn ôl ac ymlaen i'r Tir Mawr yn y 1930au. Cael ein cario ym mreichiau cychwyr a'u trosglwyddo o un cwch i'r llall fel sach o datws oedd yr hen drefn. Ond y diwrnod hwnnw, roedd cwch rwber esmwyth yn mynd â ni o'r lan i'r cwch. Ai dyma ddechrau chwalu'r breuddwydion?

Wedi cael yr un ar ddeg ohonom – o Taid, 65 oed i Bethan, 8 mis – ar fwrdd *Bugail Enlli,* a gwrando ar gyfarwyddiadau pendant a chadarn Dafydd Thomas, roeddem yn barod i gychwyn. Rhybuddiodd y cychwr ni y byddai'n groesiad garw. Wedi deng munud arall o fordwyo esmwyth braf, daethom ar draws rhediad ceryntoedd y Swnt a chawsom un o'r profiadau unigryw rheiny. Roedd y tonnau fel clogwyni ac oedd, roedd y croesiad yn un garw. Ond drwy bŵer y cwch a chrefft y cychwr, daethom drwyddi. Doedd f'atgofion plentyndod ddim yn gorliwio'r darlun wedi'r cyfan!

Daethom o ddŵr cythryblus y Swnt i dawelwch dyfroedd yr ynys. Roeddwn mor gyffrous – dacw'r mynydd; dacw'r goleudy; a dacw'r Cafn. Gallwn, gallwn gamu oddi ar y cwch a sefyll ar jeti bellach – yn lle cael fy nghario drwy'r dŵr bas. Ond dyna'r hen dŷ cychod (enw arall?) a'r cewyll cimychiaid yn union fel yr hen ddyddiau.

Bu bron i'r profiad fod yn ormod imi. Roedd amser wedi sefyll. Roeddwn yn hogan bumlwydd oed unwaith eto.

Y teulu i gyd o flaen y Capel

Aduniad gyda Jane Tŷ Pella yn y cartref yn Llanbedrog yn 2013

Llifodd yr atgofion. Gallwn weld Tŷ Pella a 'Dyno Goch' (doedd neb yn dweud 'Rhedynog Goch') . . . a'r ysgol . . . a Cristin . . . a Plas Bach a ... a ...

Dyma Plas Lleuddad a'r Capel. Fy nghartref cyntaf. Un lle oedden nhw yn fy meddwl i erioed. Mae'r ddau mor agos at ei gilydd. Dyna ffenest fy hen lofft wely ym Mhlas Lleuddad yn edrych tua'r mynydd. A'r pantri, gyda'r un lechan oedd yn cadw'n llefrith a'n menyn yn oer hanner can mlynedd yn ôl. A'r Capel a'i bulpud enfawr lle traddodai'r Parch. Edward Evans ei bregethau hirion a'i weddïau meithion. Mae'r harmoniwm yn wahanol – ond mae'n sefyll yn union yn yr un lle a'r un a gâi ei chanu gan fy mam amser maith yn ôl.

Ymunodd y Brawd Raphael â ni ar gyfer y gwasanaeth yn y Capel – roedd wedi cyfarfod fy mam ym Mhwllheli. Canwyd ei hoff emynau gennym a theimlwn bresenoldeb y seintiau yr oeddwn wedi'u hadnabod ar Enlli pan oeddwn yn blentyn, a'r holl deuluoedd yr oeddwn wedi tyfu i fyny yn eu ceseiliau, a 'Nhaid – Robert Murray – a Tom Nefyn a George M. Ll. Davies. Mae gen i luniau ohonynt yn fy nal yn eu breichiau, yn blentyn bychan ar yr ynys.

Gwasgarwyd llwch fy mam a daeth hi'n amser dychwelyd i'r Tir Mawr. Roedd hi'n anodd gadael gan fod cymaint i'w ddangos ac i sôn amdano. Adnewyddwyd atgofion bore oes a gwelais nad oedd y lle wedi'i ddifetha gan y byd mawr modern. Diolch i'r holl wirfoddolwyr am eu gofal ac i weithwyr fel Gwydion a ddaeth â ni o'r Cafn at y Capel yng nghefn ei dractor a Haf oedd yn gweithio i'r Ymddiriedolaeth ar y pryd, am hwyluso'r holl drefniadau. Pererindod anfarwol oedd honno.

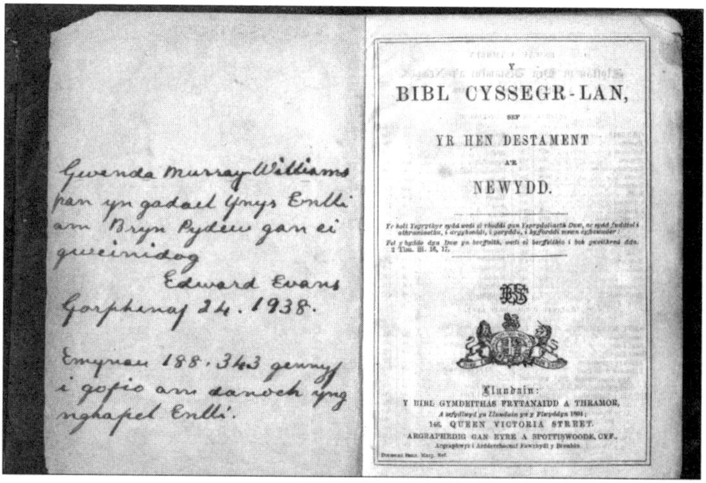

Y Beibl a gyflwynwyd imi gan y gweinidog wrth imi adael Enlli. Mae'n tynnu sylw at ddau emyn yr oeddwn yn hoff iawn ohonynt.

Y cloc mawr a fu ar Enlli

Y glàs tywydd

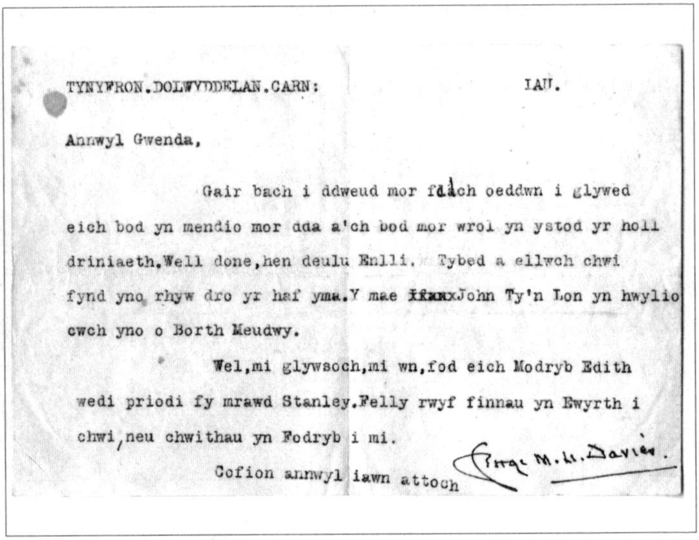

TYNYFRON.DOLWYDDELAN.CARN: IAU.

Annwyl Gwenda,

Gair bach i ddweud mor falch oeddwn i glywed eich bod yn mendio mor dda a'ch bod mor wrol yn ystod yr holl driniaeth.Well done,hen deulu Enlli. Tybed a ellwch chwi fynd yno rhyw dro yr haf yma.Y mae ffxxxJohn Ty'n Lon yn hwylio cwch yno o Borth Meudwy.

Wel,mi glywsoch,mi wn,fod eich Modryb Edith wedi priodi fy mrawd Stanley.Felly rwyf finnau yn Ewyrth i chwi,neu chwithau yn Fodryb i mi.

Cofion annwyl iawn attoch

George M. Ll. Davies.

Llythyr gan George M. Ll. Davies

Wrth edrych o gwmpas fy nghartref heddiw, rwy'n teimlo presenoldeb fy mhlentyndod lond y tŷ. Mae afal Enlli, clustog Fair a dropsan o Enlli yn tyfu yn yr ardd. Mae yno ddwy garreg ithfaen o chwarel Carreg yr Imbyll hefyd. Yn y cyntedd mae barometer oedd yn ein cartref yn Enlli – y tywydd oedd yn rheoli popeth yno. Mae lluniau o'r ynys ar y waliau ac yma hefyd mae cloc mawr, chest o drôrs a bwrdd crwn a gafodd eu cludo i Enlli ac yn ôl dros gyfnod ein preswyldod yno.

‘Roeddan nhw’n wariars!’
atgofion Twm Pant-yr-hwch

Tomos Griffith yn ei garej ym Mhentreuchaf

Modurdy Sychnant ydi enw'r tai allan ym Mhentreuchaf lle mae Tomos Griffith yn fecanic sydd wedi gwasanaethu'r ardal ers degawdau – ond Twm Pant-yr-hwch ydi'r enw ar lafar gwlad. Aeth Twm yn brentis mecanic at Rhys yn Garej Ffôr cyn dechrau arni ar ei liwt ei hun. Mae'n ddyn hwyliog ac annibynnol ei feddwl ac roedd mwy na dim ond diddordeb mewn peiriannau ceir a motobeics y tu ôl i'w gyfeillgarwch hir gyda Wil Sam. Cafodd mam Twm ei geni a'i magu ar Enlli.

Mae gen i hen luniau y bydda' i'n troi atyn nhw bob hyn a hyn. Llun fy hen nain ydi un – Elin o Borth-y-gest oedd hi'n wreiddiol. Ond Nain Garreg Bach ar Enlli oedd hi wedyn. Saer cychod oedd ei thad, John Thomas, ond mi symudodd y teulu ar ôl hynny i Bwllwgwr, Anelog. Y nhw oedd y rhai olaf i fyw yn Garreg Bach, yr olaf o fythynnod traddodiadol Enlli.

Ond wnaeth fy hen nain ddim gadael yr ynys. Mi briododd Margaret gyda Hugh Hughes o Dyno Goch a William Hughes fy nhaid oedd un o'u plant. Dwi'n ei gofio fo'n iawn – ond does gen i ddim co o Nain. Mi fuo hi farw ar enedigaeth y plentyn 'fenga, Anti Mari. Mi gawson nhw naw o blant i gyd – Robert, Huw, Nathanael, Maggie, Sian a Nel (efeilliaid), Wil a Sydna (efeilliaid) a Mari. Mae rhai o'r genod yma wedi cadw rhai o'r enwau yna ar eu plant o hyd – ac mae 'na efeilliaid yn y teulu o hyd hefyd!

Magi Huws oedd fy mam. Cafodd hi ei geni yn 1913 ac mi

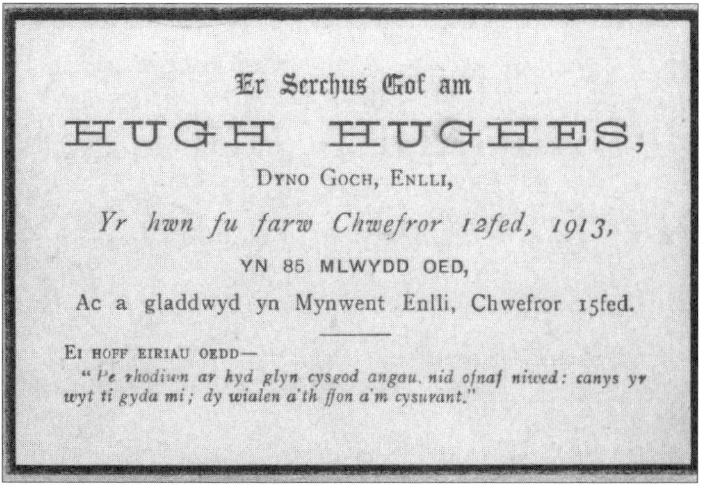
Er Serchus Gof am

HUGH HUGHES,

DYNO GOCH, ENLLI,

Yr hwn fu farw Chwefror 12fed, 1913,

YN 85 MLWYDD OED,

Ac a gladdwyd yn Mynwent Enlli, Chwefror 15fed.

EI HOFF EIRIAU OEDD—

"Pe rhodiwn ar hyd glyn cysgod angau, nid ofnaf niwed: canys yr wyt ti gyda mi; dy wialen a'th ffon a'm cysurant."

Cerdyn angladd yr hen daid sydd wedi'i gladdu ar Enlli

'Nain Garreg Bach'

Hugh Hughes, Dyno Goch

Er Serchus Gof am

MARGARET HUGHES,

DYNO GOCH, ENLLI,

Yr hon fu farw Gorffenaf 9fed, 1914,

YN 79 MLWYDD OED.

Ac a gladdwyd yn Mynwent Enlli, Gorffenaf 13eg.

UN O'I HADNODAU MWYAF OEDD—

"Canys ein byr ysgafn gystudd ni sydd odidog ragorol, yn gweithredu tragwyddol bwys gogoniant."

Cerdyn angladd yr hen nain sydd wedi'i chladdu ar Enlli

Margaret Hughes, Dyno Goch

Mag, Siân a Nel – mam Twm a dwy o'i chwiorydd

fu ar yr ynys nes ei bod hi'n ddeuddeg oed. Mi symudodd y teulu i Dynfra, Aberdaron pan oedd Nain yn disgwyl y nawfed plentyn. Mi fuo Mam yn yr ysgol ar Enlli wrth gwrs ac mi roedd hi'n sôn llawer mor ddifyr oedd bywyd ar yr ynys a lle mor braf oedd yno i blant chwarae.

Dwi'n ei chofio hi'n dweud un tro eu bod nhw'n mynd â cheffyl i Aberdaron – a'u ffordd nhw o wneud hynny oedd ei dwyso y tu ôl i gwch, hwnnw'n nofio'n braf drwy'r Swnt. Ar y ffordd yn ôl, mi gododd hi'n dipyn o wynt ac roedd y môr yn donnau dychrynllyd – a dwi'n cofio Mam yn dweud nad oeddan nhw'n medru gweld y ceffyl ar adegau.

Ro'n i'n mynd llawer at Taid i Dynfra, wrth fy modd yn mynd atyn nhw bob gwyliau ysgol. Mi fyddwn i'n dal lyri laeth Aberdaron yn giât lôn yma am bump y bora ac yn Dynfra fyddwn i wedyn nes ei bod hi'n amser mynd yn ôl i'r ysgol. Chollis i rioed ddiwrnod o wylia nag o'n i'n Aberdaron efo pobol Enlli, dwi ddim yn meddwl. Ro'n i wrth fy modd yno. Doedd gan Taid ddim llawer o sgwrs efo plant chwaith. Dwi'n ei gofio fo'n deud hyn, ar ffurf rhyw rigwm:

'Dan y bwrdd blentyn
Os daw o i'r tŷ i hel degwm!'

Enlli, merch Twm a Beryl Pant-yr-hwch wrth fedd y teulu ar Enlli

Roedd honno'n ddigon o siars i ni fod yn dawel ond wn i ddim am darddiad y dweud chwaith – doedd 'na neb yn talu degwm ar Enlli yn nagoedd? Dyna sut roeddan nhw yn wyneb pob awdurdod ella – pobol annibynnol iawn oeddan nhw.

Roeddan nhw'n ymwneud llawer efo ochrau Lerpwl – doeddan nhw ddim yn credu mewn talu porthmyn a dîlars a gwerthwyr. Mynd efo cwch i Lerpwl i wneud eu busnes a tharo bargen dda oedd arfer pobol Enlli. Roeddan nhw hefyd yn ymwneud efo ynysoedd bychain ar arfordir Iwerddon, yn ffeirio a ballu. Mi ddaeth yna griw o Enlli yn 1925 ac yn rhyfedda' fyw yn ôl Taid, mi wnaeth 'na lawer adael yr ynysoedd bach rownd Iwerddon hefyd yn yr un flwyddyn. Mae'r peth yn dal yn ddirgelwch i mi. 'Swn i ddim yn synnu bod hops ymysg y petha roeddan nhw'n ei ffeirio!

Roedd 'na lawer o'r ynyswyr yn perthyn i'w gilydd wrth gwrs ac mi fydda hi'n lle cymdogol iawn o ran rhannu'r gwaith. Roeddan nhw i gyd yn y cynhaea' gwair rhyw flwyddyn ac roedd hi'n debyg iawn i law. Yr hyn benderfynson nhw oedd helpu'r un oedd â'i wair agosaf at fod yn barod a thrio diogelu cynhaeaf hwnnw yn gyntaf. Ond dyma 'na waedd – roedd rhywun wedi gweld bod yna gasgenni rym wedi dod efo'r llanw i'r Cafn. Chafon nhw mo'r gwair am sbel go lew'r flwyddyn honno.

Roeddan nhw'n beros hefyd. Dwi'n cofio gweld rhyw beiriant yn Dynfra, Aberdaron – darnau metel a'r gweddill yn bren, pren broc môr siŵr o fod. Mi fues i ar ei ben o lawer gwaith. Dau frawd Mam – Huw a Nathanael – oedd wedi bod wrthi. Roeddan nhw'n fecanics ac yn seiri coed heb gael

CERTIFIED COPY of an ENTRY of BIRTH.

SUPPLIED AT THE SPECIAL FEE OF 6d. APPLICABLE IN CERTAIN STATUTORY CASES.

THIS CERTIFICATE IS ISSUED FOR THE PURPOSES OF Unemployment Insurance Acts and for NO OTHER USE OR PURPOSES WHATEVER.

(The Registration Officer must state here the statutory purposes for which the Certificate is issued in the terms in which they are described in the printed Form of Requisition.)

Registration District Pwllheli and Portmadoc

1876 BIRTH in the Sub-District of Aberdaron in the County of Carnarvon

Columns :—	1	2	3	4	5	6	7	8	9	10
No.	When and where born	Name (if any)	Sex	Name and Surname of Father	Name and Maiden Surname of Mother	Rank or Profession of Father	Signature, Description and Residence of Informant	When Registered	Signature of Registrar	Baptismal Name if added after Registration of Birth
117	Sixteenth October 1876 Tyn'refail Village Aberdaron	William	Boy	Hugh Hughes	Margaret Hughes formerly Williams	Farmer	Hugh Hughes Father Dynogoch Bardsey Island	Second November 1876	Thos Griffith Registrar.	

I hereby certify that the above is a true Copy of an Entry of Birth in a Register Book in my custody.

Witness my hand this 31st day of January 1939

Superintendent

CAUTION.—Any person who (1) falsifies any of the particulars on this Certificate or (2) uses it as true knowing it to be false, is liable to prosecution.

Copi o dystysgrif geni William, taid Twm

Mae'r wyth plentyn yn y llun hwn o blant Enlli yn 1925

awr o brentisiaeth na hyfforddiant – roedd o ynddyn nhw'n reddfol r'wsut. Mi e'san yr holl ffordd i Lerpwl a dod adra efo hen Hillman. Mi dynnon hwnnw'n racs a'i ailadeiladu mewn pren nes bod ganddyn nhw dractor coed. Yr unig ddrwg efo fo oedd nad oedd o'n mynd yn ddigon ara' deg i rychu tatws. Mi e'son yn eu holau i Lerpwl a phrynu gerbocs arall run fath â'r cyntaf a gosod hwnnw wedyn ar yr echel ôl – a dyna ichi un o'r ceir ffôr-whîl-dreif cyntaf un! Mi roeddan nhw'n andros o wariars – doedd trwsio watsys a chlociau mawr yn ddim byd iddyn nhw.

Roedd Siôn Pengam'dda yn gyfyrder i mi ac mi alwodd ym Mhant-yr-hwch yma rhyw ddydd Sul a gofyn os oedd gen i ffansi mynd efo fo ar gwch i Enlli. Roedd Siôn wedi priodi merch Twm Cabli o Enlli ac mi fuo'n was ar Enlli am gyfnod – Siôn Pen-nant oedd o i ni. Mi euson ar ôl cinio a glanio yn y Cafn a dyma rhyw hen Sais aton ni a deud bod yn rhaid inni dalu am ddod â chwch i'r lan yno.

Wel, os gwylltiodd rhywbeth fi – mi wylltiodd hynny fi! Mi ofynnais i wrtho fo a oedd gen i'r hawl i fynd i weld bedd Nain a Taid bellach 'ta be? Wn i ddim be sy â wnelo Saeson â'r lle o gwbwl.

Un da oedd Siôn. Roedd Enlli wedi mynd i'w ymennydd o rywsut. Dwi'n ei gofio fo'n sôn amdano'n eistedd ar wal bont Aberdaron ar ôl bod yn ysgol Aberdaron a phwy wela' fo ond yr hen Love, Cefn Foel a fy nhaid yn dod allan o'r Ship. Roedd Taid, medda Siôn, yn smocio piball – blaw bod y biball â'i phen i lawr. Doeddan nhw ddim yn dda iawn efo'r ddiod yno.

'Yr hen Love': Love Pritchard, Brenin olaf Enlli (ganwyd yn 1842). Roedd o'r un gwaed â Love Jones Parry a theulu bonedd Madryn. Dyrchafwyd Love Pritchard yn frenin swyddogol yn 1918. Roedd wedi cynnig ei wasanaeth yn y Rhyfel Mawr ond cafodd ei wrthod oherwydd ei oedran. Yn dilyn y fath sarhad, cyhoeddodd bod Enlli yn niwtral a hyd yn oed yn cefnogi'r Kaiser. Ymwelodd ag Eisteddfod Genedlaethol Cymru ym Mhwllheli yn 1925 a chafodd ei groesawu i'r llwyfan gan David Lloyd George fel 'llywodraethwr tramor' i fonllefau'r dorf. Claddwyd ef ar fin y traeth ym mynwent Aberdaron yn 1926.

Plant Enlli 1934

Hen lun o Gafn Enlli

Hogyn Dyno Goch
atgofion Gwynfor Jones

Gwynfor Jones
wrth ei gartref ym Mhencoed, Sarn Mellteyrn

Yng nghartref Gwynfor Jones ym Mhencoed, Sarn Mellteyrn mae llun o hen drigolion Enlli yn y tri degau yn hawlio'r lle canolog ar y wal sy'n wynebu'r drws. Gall Gwynfor enwi'r bobl a'r plant, er mai dim ond pedair a hanner oed oedd o pan symudodd y teulu o fferm Rhedynog Goch ar yr ynys yn ôl i'r Tir Mawr.

Thomas William Jones oedd enw fy nhad – o Gefn-hedog, Bryncroes yn wreiddiol. Cafodd ei eni ar 14eg Chwefror, 1885 a bu farw yn 1966. Un o Dy'n Mynydd, Anelog oedd Mary Jones fy mam – cafodd hi ei geni ar 5ed Mawrth, 1893 ac yn 1977 y bu hithau farw. Ar ôl iddyn nhw briodi, mi fuon

Tŷ Pella a Rhedynog Goch, Enlli

Trigolion Ynys Enlli 1934

Rhes ôl: William Evans, Tŷ Pella; William Jones, Rhedynog Goch; Evan Williams, Carreg; John Roberts, Plas Bach; John Evans, Cristin; Griffith John Williams, Nant; William Thomas Jones, Rhedynog Goch; Hugh M. Williams, Nant; John E. Roberts, Cristin; y Parch. Edward Evans, Plas Bach; John Evans, Cristin (hynaf); May Murray-Williams, Tŷ Capel.

Ail res: Mary Jones, Rhedynog Goch; Elizabeth Jones, Rhedynog Goch; Lizzie Kate Evans, Cristin; Jane Evans, Cristin; Nellie Evans, Tŷ Pella; Nell Williams, Carreg; Elizabeth Roberts, Plas; Ann Jones, Plasmhenllech (ymwelydd).

Rhes flaen (yn penlinio): Robert Gwyndon Williams, Nant; Gwynfor Jones, Rhedynog Goch; Richard Lewis Jones, Rhedynog Goch; Gwilym Ifor Williams, Nant; Myra Jones, Rhedynog Goch; William Thomas Evans, Cristin; John Jones, Rhedynog Goch; Bessie May Williams, Carreg; Jane Evans, Tŷ Pella; Gwenda Murray-Williams, Tŷ Capel; Nesta Wyn Jones, Plasmhenllech; Gwyn Murray-Williams, Tŷ Capel; William John Williams, Carreg.

Y cylch ar y top: William Hugh, Jane a Mary Gretta Williams, Nant.

'Nhad a Mam

yn symud llawer cyn setlo – mi aethon i fyw at taid a nain yng Nghae Hen, wedyn i fferm y Graig, Aberdaron, sbelan yng Nghaernarfon ar ôl hynny cyn mudo i dde Cymru lle bu 'Nhad yn gweithio dan ddaear am gyfnod. Yn ôl i Lŷn wedyn ac i Redynog Goch ar Enlli – neu 'Dyno Goch' fel roeddan nhw'n ei ddeud ar lafar ac yn ei roi ar gerrig beddau hefyd. Yno y cefais i fy ngeni ar 4ydd Mehefin, 1932 – yr olaf o wyth o blant.

Catherine Elen oedd yr hynaf – cafodd hi ei geni yng nghartref Mam yn Anelog; Elizabeth yn y Graig; Jane ym Mronelen Bach (mi fu hi'n byw yn Dover ar hyd ei hoes); John yn y Graig; William yn y Graig; Richard yno hefyd –mi symudodd o i fyw i Northampton. A dim ond dau ohonon ni gafodd ein geni ar Enlli – Myra, sy'n dal yn fyw ac wedi cartrefu yn Wrecsam, a finnau.

Mi fuodd y teulu yn Rhedynog Goch am wyth mlynedd. Roedd y rhent yn llawer is ar yr ynys ac yn y dyddiau llwm hynny, dyna oedd apêl y lle. Hefyd roedd John y mab hynaf wedi dod yn ddigon hen erbyn hynny i helpu 'Nhad ar y cwch. Chydig o ffermio a dipyn o bysgota oedd y patrwm ar yr ynys.

John a Dick a Rosie'r gaseg ar un o gaeau Rhedynog Goch

Gwynfor a Myra, 1934

Diwrnod dyrnu ar Enlli – fy nhad ar y dde

Roeddan ni'n cadw chydig o ddefaid ac o wartheg – ac yn aredig dipyn hefyd. Roedd ganddon ni geffyl ond ei fod o wedi mynd i dipyn o oed! Rhyw unwaith y flwyddyn y byddai angen cario anifeiliaid i'r Tir Mawr – roedd cwch mwya'r ynys at iws pawb ond roedd hi'n dipyn o helynt ar ddiwrnod cario.

Dic, Gwynfor a Myra, Rhedynog Goch – y tri wedi bod yn wael. Wrth y gwaith malu, Tŷ Pella

Fferm rhyw 27 acer ydi Rhedynog Goch, wrth droed y mynydd ac yn wynebu'r môr a'r goleudy. Roedd dau deulu'n perthyn i ni yn byw ar Enlli yn barod pan symudon yno yn Nhachwedd 1928. Roedd fy nhad yn cwyno efo'r asma a'r cyngor a gawsom oedd y byddai fferm yng ngwynt y môr yn llesol iddo.

Ar y fferm roedd pedair buwch odro, pedwar bustach, pedwar llo bach a byddem yn pesgi pedwar mochyn bob blwyddyn. Roedd yno hefyd ychydig o ddefaid, gwyddau, hwyaid a ieir.

Un ystafell fawr gyda iard fechan o'i blaen oedd yr ysgol. Roedd cwt glo yn un talcen a dau doilet sinc yr ochr arall. Deuai dau focsaid o lyfrau o'r swyddfa addysg yng Nghaernarfon bob hyn a hyn – bocsaid o rai Cymraeg a bocsaid o rai Saesneg. Byddai pawb yn darllen yn dda ac yn edrych ymlaen at y llyfrau.

Elizabeth Jones, Rhedynog Goch; Gwilym Griffiths, Tŷ Pella; Dic, Dyno Goch' Mair, Tŷ Pella; John, Dyno Goch; Cefn: Wil, Dynog Goch a Nansi, Tŷ Pella tua 1930

Plas Bach oedd cartre'r gweinidog – y Parch Edward Evans oedd hwnnw pan oeddan ni yno. Roedd yn ŵr mawr a thal, ac yn codi mymryn bach o ofn arnom ni'r plant. Bu'n genhadwr yn Nigeria cyn dod yno a phregethai ddwywaith bob Sul, heblaw am bedwar Sul Awst. Byddai bob amser yn cyfri faint oedd heb ddod i'r oedfa. Mynychem yr Ysgol Sul a'r Band o' Hôp ac yno y cafodd Myra fy chwaer a minnau ein bedyddio. Roedd fy chwaer yn dweud bod yno Gymdeithas ddifyr iawn yn y gaeaf a phawb yn cystadlu.

Byddai tri cheidwad yn gofalu am y goleudy bob amser a byddent yn dod draw atom am dro gyda'r nosau pan na fyddent ar ddyletswydd. Chwarae rings a draffts y bydden ni ac mi gaem fferins ganddyn nhw – rhywbeth prin iawn i ni blant yr ynys. Saeson oedd y rhan fwyaf ac mi fuon yn help mawr i ni ddysgu Saesneg.

Yng Ngharreg Bach yr oedd y saer coed yn byw. Mi fyddai galw am ei grefft i drwsio cychod, paentio a choltario. Roedd cwch modur a chwch bach yn perthyn i'r ynys, yn ogystal â dau gwch mawr i gario anifeiliaid. Ar ben hynny roedd gan bob fferm ei gwch bach ei hun i gwilla ac i bysgota ac i fynd yn ôl ac ymlaen i Aberdaron i gario blawd a glo a phopeth arall. Gwaith trwm iawn oedd hwnnw – mi fyddem yn mynd â wyau a menyn yn gyfnewid.

Cefais i a Myra fy chwaer ein geni dan ofal dwy o wragedd yr ynys oedd yn gweithredu fel bydwragedd. Nid oedd meddyg na nyrs ar yr ynys ac roeddem yn ddibynnol ar gynnau tân ar y mynydd i yrru neges bwysig yn ôl ac ymlaen i'r Tir Mawr – dau dân os byddai perthynas yn wael a thri thân os byddai marwolaeth yn y teulu. Dyna sut y clywsom am farw Nain. Ar ôl hynny daeth y *morse code* yn gyfleus iawn. Roedd cwt môrs ar bentir Cristin ac roedd gan y rhan fwyaf o'r ynyswyr rhyw grap ar y grefft.

Os oedd y tywydd yn caniatáu, mi fyddai 'Nhad a 'mrawd hynaf allan efo'r cwch bob dydd, haf a gaeaf. 'Cwilla' oeddan nhw fwyaf 'cawella' – pysgota drwy osod cewyll i ddal cimychiaid a chrancod. Mi fyddai'r rheiny'n cael eu rhoi wedyn mewn cawell cadw a rhyw unwaith yr wythnos mi fyddent yn cael eu cario i Aberdaron i gyfarfod y lori. Ar wythnosau da, mi fyddai yna ryw 200 o gimychiaid a 400 o grancod a sawl siacar goch. Mae'r siacar goch yn brin iawn bellach – dydi sgotwrs ffordd yma ddim wedi gweld un ers blynyddoedd. Roedd o'n fwy na chimwch – mi fedrai fod rhyw lathen o hyd. Dwi'n cofio bod ar y môr yn fychan iawn a'r helfa yn cael eu tynnu o'r cewyll a'u rhoi ar waelod y cwch. O blith y cimychiaid a'r crancod, dyma 'na siacar goch fawr yn dechrau dod i 'nghyfeiriad. Finna yn bagio'n ôl mwy a mwy – bu jest imi fagio dros ymyl y cwch i'r dŵr 'radag honno!

Roedd yna lefydd na chaen ni ddim mentro iddyn nhw'n blant wrth gwrs – roeddan ni'n cael ein rhybuddio i gadw oddi ar y creigiau. Ond mi fyddem yn cael mynd i lan y môr ac roedd 'na ddigon o le i chwarae fo 'mrodyr a'n chwiorydd. Chydig iawn fues i yn yr ysgol ar yr ynys. Dwi'n cofio mynd un tro a'r athrawes yn mynd â fi o gwmpas y dosbarth ar ei braich. Roedd 'na gramaffôn yn yr ysgol ac roedd honno'n troi ar y pryd. Doeddwn i rioed wedi gweld un o'r blaen a dyma fi'n rhoi fy mys ar y record oedd yn troi nes bod yna glec wrth i'r nodwydd neidio. Dwi'n cofio'r brifathrawes yn edrych arna i'n gas iawn ar ôl hynny!

Cof plentyn arall oedd y terfysg fu yno un tro. Roedd y taranau'n clecian ar y creigiau ac yn adleisio o gwmpas y lle i gyd. Dwi'n cofio 'mod i wedi dychryn yn arw a bod rhywun yn fy nghario ac yn rhedeg drwy'r glaw am adref.

Mi fyddai yna ambell noson gymdeithasol ar achlysuron arbennig ar yr ynys ond chydig o gof sydd gen i am y rheiny. Roeddwn i'n bedair a hanner pan adawsom ni am fferm ar y Tir Mawr yn 1936 ond mae'r teulu wedi cadw ambell doriad o'r papur newydd.

> Y NADOLIG – Daeth y Nadolig a'i lawenydd i'r Ynys eto, er gwaethaf tonnau'r môr. Cafodd pob plentyn sydd ar yr Ynys anrheg Nadolig oddi wrth Mrs Robert Murray, Pwllheli, cyn i'r ysgol gau am y Nadolig. Mi ddaeth Santa Clos heibio i bawb yn ei adeg. Bore dydd Nadolig derbyniodd pob pen teulu gerdyn Nadolig oddi wrth Mr

W. Talmage Davies, Cricieth, gŵr sydd yn fawr iawn ei ddiddordeb yn yr ynyswyr a'u plant, ac yn fawr iawn ei garedigrwydd iddynt. Derbyniodd pob plentyn hefyd 'Christmas box' a cherdyn oddi wrtho. Wedi ei dderbyn yn yr ysgol trwy law y gweinidog roeddent yn prysuro adref i gael gweled beth oedd yn y bocs. Nos Nadolig cynhaliwyd cyfarfod cystadleuol cyntaf y gaeaf. Llywyddwyd gan Mrs Roberts, Plas, a chafwyd cyfarfod hwylus a diddorol. Dyma rai o'r pethau:

Adroddiad – 'Yr oen bach' i rai dan 12 oed: Cydradd – W. J. Williams, Carreg; John a Richard Jones, Rhedynog Goch. Rhodd Mam i rai dan 6 oed – Gwilym a Gwyndon Williams, Nant. Eto i rai dan 8 oed – W. T. Evans, Cristin. Eto dan 10 oed – 1. W. J. Williams,; 2. Richard Jones; 3. John Jones. Adroddiad i rai dan 8 oed: 'Morus y Gwynt' – Jane Evans, Tŷ Pella; Bessie Williams, Carreg; Gwilym a Gwyndon Williams, Nant. Eto i rai dan 15 oed – 1. N. M. Williams, Nant; 2. Lizzie Jones, Rhedynog Goch. Penillion i'r 'Wireless' – 1. Mrs Williams, Nant; 2. W. T. Jones, Rhedynog Goch. Araith 'Tarth' – 1. Mrs Roberts. Darlun dychmygol 'Y bwthyn diaddurn, yn ymyl y Nant' – saith o ymgeiswyr: Cydradd 1. G. Evans, Cristin a H. M. Williams, Nant. Ffrâm pictiwr: John R. Evans, Cristin.

Adroddwyd y penillion a ganlyn yng nghyfarfod cystadleuol Ynys Enlli gan Mrs W. H. Williams, Nant.

Plant Rhedynog Goch yn edrych tua'r Tir Mawr a'u bywydau newydd yn adrodiad y Weekly Illustrated

Boed ein c'lonnau yma heno
Gyda hwyl yn canu cân
Yng nghyfarfod Ynys Enlli
Gydag adrodd, gyda chân;
Mae y plant i gyd yn gweithio
O dan lwydd ein bugail ffri
A'r cantorion eto'n deffro
Gyda grym yn fawr eu bri.

Rhoddwn bawb sydd yma heno
Ddiolch mawr i'r ffyddlon rai,
Am y drafferth o addysgu
Plant i ganu yn ddi-fai.

'Nhad gyda'n pecynnau yn barod i groesi – dim ond disgwyl am dywydd

Ac i adrodd eu caneuon
Ac i ddeffro'r awen lân,
Yn y gweddill mawr ohonom
Ag oedd gysglyd iawn o'r bla'n.

O! Enlli, os bychan dy fesur,
O! Enlli, os bychan dy fraint,
O! Enlli, oes dim all dy godi
Ond beddau difesur y saint!
Atebwyd fod gallu i'n codi
A diolch am hynny a wnawn
Anfonodd rhyw law ein
hathrawon
I ddeffro a dysgu'r diddawn.

John Ty'n Lôn

A feder dim da ddod o Enlli?
O gall, medd yr adrodd, yn wir,
A fedar dim sain ddod o Enlli?
O gall, medd y canu yn glir;
Aed ati bob calon i ddiolch
Am athro a bugail a braint,
Mae yma beth mwy yn
ymsymud –
Peth mwy na beddrodau y saint.

(***Yr Herald Cymraeg***, **dechrau'r 1930au**)

Mi ddaeth ffotograffydd y *Weekly Illustrated* i Enlli a chyhoeddwyd ei luniau a'i straeon yn rhifyn 31 Hydref, 1936. Mae'n rhoi sylw arbennig i'n teulu ni yn Rhedynog Goch gan ein bod ar fin gadael yr ynys ar y pryd. Yn ôl y newyddiadurwr, roedd pobl Enlli wedi pleidleisio i adael yr ynys i gyd efo'i gilydd yn 1928 ond cynigwyd cwch modur iddynt bryd hynny a bu'n ddigon iddynt ailfeddwl ac aros

Cwt Morse Code *Pen Cristin, Enlli*

yno. Ond yn awr, medd y papur, roedd y teuluoedd yn anesmwyth eto.

Roedd un teulu eisoes wedi gadael a'r Hydref hwnnw roedd dau deulu arall wedi pacio yn barod i symud i'r Tir Mawr. Buont yn disgwyl am dywydd teg i groesi'r Swnt gyda'u nwyddau a'u hanifeiliaid ers deng niwrnod – ac adroddid y gallasai fod yn bythefnos arall arnynt cyn y caent fôr digon tawel i fudo. Roedd y ffotograffydd ei hun wedi gorfod llogi cwch hwylio mawr o Bwllheli i gyrraedd yr ynys gan nad oedd yr un o gychwyr Aberdaron am fentro'r daith. Awr a gafodd ar Enlli cyn y daeth y rhybudd bod yn rhaid troi'n ôl.

Myra a Gwynfor yn Nhŷ Hywel, Jac y ci a dau oen llywaeth

Mewn ychydig amser roedd nifer y plant yn yr ysgol wedi disgyn o bymtheg i saith. Rŵan ein bod ni'n mynd o Redynog Goch, byddai pedwar plentyn arall yn llai yno.

Ond roedd y papur wedi canfod un gŵr ifanc nad oedd am adael. John Evans, Ty'n Lôn oedd

Te parti plant Aberdaron yn neuadd y pentref

hwnnw. Roedd o wedi gwirioni ar unigedd yr ynys ac roedd yn benderfynol o aros. 'Waeth gen i weld pawb yn gadael ddim,' meddai o. 'Mi gân nhw adael gynted ag y lecian nhw. Mi fedrwn i wneud efo cael yr ynys i gyd i fi fy hun. Fi fydd Brenin yr ynys wedyn!'

Diwedd trist sydd i'w hanes o er hynny. Mi symudodd yntau i'r Tir Mawr ond wrth iddo fo dynnu'r cwch o'r dŵr at y tractor, mi gododd y tractor ac mi'i lladdodd o.

Love Pritchard oedd brenin olaf yr ynys – roedd o wedi cael ei goroni yn 1911 ond ar ôl ei farwolaeth o, roedd yr

Gyda Mam a 'Nhad o flaen Tŷ Hywel

ynys wedi penderfynu troi i fod yn weriniaeth ac roedd John Roberts wedi'i ethol yn Arlywydd Enlli. Y fo hefyd oedd capten y cwch modur wedyn.

Mi fuo Mam ar yr ynys am ryw dair/bedair blynedd heb roi troed oddi arni. Roedd hi'n dioddef gan salwch môr ac roedd ganddi ofn y croesiad. Ond roedd Tomos yn cadw siop ar yr ynys – roedd pawb yn cadw bagia mawr o flawd ar gyfer crasu, rhag ofn inni gael sbel o dywydd garw, ac wedyn mi fyddai yna fân betheuach eraill yn y siop. Ond doedd o fawr o fywyd iddi chwaith, nagoedd?

Roedd 'na ddigon o froc môr i'w gael o gwmpas Enlli y dyddiau hynny. Mi fyddai'r bobl yn gwybod yn iawn lle i fynd i chwilio amdano ar ôl storm drwy sylwi o ble roedd y gwynt yn chwythu a gwybod wedyn ym mha borth y byddai'r broc yn crynhoi. Mi roeddan nhw'n codi digon o goed o'r môr ar gyfer codi unrhyw gytiau oedd eu hangen ar yr ynys.

Mi ddaeth mein i'r lan un tro. Clywed sôn wnes i am y peth – un o feins yr Almaenwyr ers y Rhyfel Mawr. Roedd yn rhaid gadael i'r awdurdodau wybod ac ymhen amser mi ddaeth na blismon a sbeshalist i'w golwg hi. Mi fu raid i un cychwr ei thowio draw i gyfeiriad Porth Ysgo – roeddan nhw'n gosod ffrwydron ar y mein, mynd â'r plismon a'r sbeshalist i'r traeth ac wedyn rhwyfo oddi yno rownd y trwyn o'r golwg.

'Unwaith glywi di'r glec – cofia ddod yn ôl y munud hwnnw. A dwi'n golygu'r munud hwnnw,' siarsiodd y plismon.

Y rheswm dros hynny oedd bod pysgod llonydd lond wyneb y môr ar ôl y ffrwydriad. Dim ond wedi cael eu syfrdanu nes eu bod yn anymwybodol dros dro oeddan nhw.

Plant Enlli 1934 yn ôl ar yr ynys yng nghwmni Gwyn Erfyl yn 1983

Yn cyrraedd y maes glanio ar gyfer yr aduniad – sef y cae tu ôl i'r Cafn. Mae'r goleudy yn y pellter rhywle yn y niwl.

Gwilym Nant yn glanio

Jên Tŷ Pella y tro hwn!

Gwyn Erfyl a dau o'r cyn-drigolion yn paratoi ar gyfer y cyfweliad

Hen sgwrsio!

Y cyfweliad yn mynd yn hwylus ar fuarth Nant

Mi helion nhw lond tair sachaid o bysgod – ia, a'r plismon oedd wedi trefnu hynny! Ond os oeddan nhw'n cyffwrdd pysgodyn a ddim yn medru cael gafael iawn arno a'i godi i'r sach ar y cynnig cyntaf, roedd hi'n rhy hwyr – roedd yn dod ato'i hun ac yn ei goleuo hi oddi yno.

I Dŷ Hywel, Pencaerau yr aethom ni o Enlli. Roedd 'Nhad wedi rhyw feddwl dilyn yr un ffordd o fyw ag ar yr ynys – ffarmio dipyn a mynd allan i gwilla dipyn. Ond roedd Tŷ Hywel yn fwy o fferm ac mi welson yn fuan y byddai'n rhaid iddyn nhw roi'r gorau i'r cwch neu byddai'r gwaith adra yn dioddef. Doedd dim posib cadw'r ddau i fynd fel ar Enlli. I Ysgol Deunant, Aberdaron yr es i wedyn – tair milltir o waith cerdded yno ac yna gweithio ar adeiladau fues i drwy fy oes – bildio a phlastro.

Yn 1983 mi gawsom ein gwadd yn ôl i Enlli – griw ohonon ni oedd yn yr ysgol yn 1934 – a hynny mewn ffordd wahanol iawn, iawn. Mynd efo helicoptar oeddan ni. Doedd hi ddim yn ddiwrnod neis iawn – roedd hi'n wyntog ac yn hew-niwlog. Ond mi gaethon ni ddiwrnod iawn, ardderchog yno. Mi fuo ni adael yr ynys yn reit sydyn – roedd y tywydd yn troi.

Mi fydda i'n dal i fynd yno rhyw ddwywaith dair bob haf. Mae gan y mab gwch ac fel arfer mi fydd rhywun arall yn dod efo ni – rhywun fydd eisiau gweld yr ynys. Mi gawn ein gadael ar yr ynys ond fel arfer mi fydd hi'n brysur yn y Cofn ac mi fydd y mab yn mynd allan ar y môr i bysgota. Mi gawn ni ddigon o amser i gerdded at y goleudy ac wedyn at y fynachlog a'r capel. Mae'n gwneud diwrnod difyr iawn. Mi fydda inna'n trio deud hynny fedra i gofio wrthyn nhw.

Gwynfor yn taro cip ar ei Lyfr Lloffion

Adroddiad o'r *Herald Cymraeg* am yr aduniad ar Enlli yn 1983

Aeth 11 o gyn-ddisgyblion yr hen ysgol gynradd ar Ynys Enlli yn ôl i'r ynys ddydd Mawrth – rhai ohonynt am y tro cyntaf ers 40 mlynedd.

Ond gyda hofrennydd, yn hytrach na'r cwch a oedd yn arfer cael ei ddefnyddio, yr aethant drosodd.

Daeth yr hen gyfeillion ysgol ynghyd ar gyfer ffilmio rhaglen yn y gyfres 'Ddoe a Heddiw' sydd yn cael ei gwneud gan HTV Cymru ar gyfer S4C.

Dywedodd Gwyn Erfyl, cynhyrchydd a chyflwynydd y gyfres, eu bod yn gwneud saith o raglenni, a bod chwe rhaglen yn cychwyn gyda hen lun ysgol (yn achos Ynys Enlli, llun o 1934) ac yna bydd yn mynd ymlaen i olrhain hanes rhai o'r disgyblion yn y llun.

Y mae nifer o gyn-ddisgyblion Ynys Enlli yn dal i fyw ym Mhen Llŷn, ond daeth tri arall o Wrecsam, un o Benybont, ac un o Northampton. Roeddent oll yn amlwg wrth eu boddau yn cael cyfle i fynd yn ôl i'r ynys ac i gyfarfod hen ffrindiau, er bod un neu ddau braidd yn nerfus ynglŷn â'r hofrennydd.

Roeddent i gyd o'r un farn nad oedd yr ynys wedi newid fawr ond cymysg oedd yr ateb i'r cwestiwn os y byddent yn dychwelyd yno i fyw.

Nid oedd Mr Gwynfor Jones o Sarn, a Mrs Jane Roberts o Aberdaron, yn awyddus i fynd yn ôl i Enlli i fyw, ond byddai Mr Richard Jones, ar y llaw arall, yn ddigon bodlon gwneud hynny.

Er bod Mr Jones wedi bod yn byw yn Northampton ers 30 mlynedd, y mae wedi cadw cysylltiad â'r ardal, ac y mae ei Gymraeg cystal ag erioed.

Yn ôl Mr Huw Williams o Nefyn, roedd bywyd ar Ynys

Enlli yn galed iawn. Os oedd angen rhywbeth o'r tir mawr, roedd yn rhaid ei lwytho ar y cwch, mynd drosodd i'r ynys, ei lwytho ar drol, ac yna teithio i'r t neu'r fferm.

Mewn tywydd drwg, roedd hi'n amhosibl symud o'r ynys, weithiau am wythnos gyfan.

Yn anffodus, oherwydd ei hiechyd, nid oedd cyn-brifathrawes yr ysgol, Mrs Williams, yn bresennol. Erbyn hyn mae hi'n 83 oed ac yn byw yn Llundain.

Dim ond Mr a Mrs Arthur Strick sydd bellach yn byw ar Ynys Enlli drwy'r flwyddyn. Maent wedi bod yn ffermio yno ers 11 mlynedd. Dywedodd Mrs Strick nad oedd hi'n ystyried yr ynys yn le unig. 'Mae'n bosibl bod yn fwy unig yng nghanol dinas fawr,' meddai.

Yn ogystal, y mae Mrs Nellie Evans, mam Mrs Jane Roberts yn byw yn yr hen ysgol yn ystod yr haf. Hefyd, y mae Ernest, mab Mrs Evans, yn byw ar yr ynys yn yr haf, tra mae'n dal cimychiaid.

Guto Cabli
atgofion Guto Griffith

Guto yn ei gartref, Pencefn, 2014

Mae fflach o ddireidi yn tanio o hyd yn llygaid Guto Cabli wrth iddo hel atgofion am Enlli yn ei fwthyn wrth capel Hebron. Tydi chwerthiniad hir ac iachus ddim ymhell oddi wrth ei wefusau chwaith.

Roedd gen i bedair chwaer ar un brawd ond maen nhw i gyd wedi'n gadael ni. Mi ges i ngeni ym Mhengroeslon a phan oeddwn i'n dair oed yn 1935, mi eson i fyw i Nant ar ynys Enlli. Enwau'n chwiorydd oedd Mair, Nansi, Megan a Brenda a Gwilym oedd fy mrawd. Roedd Thomas Gruffydd, fy nhad o Drigwm, Llangwnnadl ac enw fy mam oedd Elin Griffiths, ond dwi ddim yn gwybod un o ble oedd hi chwaith. Roedd Nhad yn cadw siop yn Nhŷ Pella, Enlli cyn i

Brenda a Guto gyda'r hen gwch, y Gull *wrth abaty Enlli*

Twm, tad Guto, yn ei ddyddiau ifanc

mi gael fy ngeni, yn gwerthu bob dim am wn i, ond 'swn i'n meddwl mai baco oedd o'n werthu fwya'.

Mrs Murray-Williams oedd y brifathrawes pan o'n i'n dechrau yn yr ysgol yn Enlli ac wedyn mi ddaeth Mrs Menai Williams o'r Ffôr. Ymhen rhyw bump/ddeg mlynedd ar ôl honno mi ddaeth Mrs Dilys Cadwaladr, ac mi fuo hi yno ryw bedair blynedd, wedyn mi gaeodd yr ysgol. Mi fyddan ni'n denig weithiau o'r ysgol yn pnawn – fi, mrawd a Wil Tŷ Lôn, i hel broc môr. Ac yn cael row iawn wedyn ar ôl dod yn ein holau! Mi roedd 'na faint fynnir o froc yn dod i'r lan. Dwi'n cofio llwyth da o goed hirion, 30 ffwtars o hyd, *pitch pine,* yn dod am wythnos, wedi bod yn y môr ddim jest, 'fel newydd. Dec cargo wedi mynd drosodd a dod i'r lan ar ôl tywydd mawr oedd y rheiny.

Dwi'n cofio mynd i gwilla efo Nhad a mrawd – at Pen Diban, Porth Solfach, rownd wedyn tu ôl mynydd Ogo' Gorlas, Rhiw Gerrig a'r Fwyall heibio Pen Cristin a rownd yn ôl i'r Cafn.

Roedd yna ddigonadd o siaceri cochion yr adeg honno, ond wedyn mi ddaeth rhyw chwech o drôlars o Ffrainc ac mi ll'neuon nhw'r lle'n lân. Dwi'n eu cofio nhw'n iawn – hwyliau cochion ar rai ohonyn nhw, roeddan ni'n eu gweld

Hen Dŷ (ar y chwith) a Nant – y tai pella o'r Cafn ar Enlli

Twm a Guto Nant (Cabli ar ôl hynny)

Guto a Brenda gyda'r cychod yn y Cafn

nhw'n dod o bell. Mi ddaeth hi'n rhyfel wedyn a ddaethon nhw ddim yn ôl, ond roeddan nhw wedi'u difa nhw. Ddaethon nhw ddim yn ôl am flynyddoedd.

Mi ddaeth 'na rai i sgota siaceri cochion yn y chwe degau wedyn – ond rhai o Sgotland oedd rheiny. Dwy neu dair cwch ohonyn nhw ac mi wnaeth y rheiny eu difa nhw hefyd. Deifio oedd rheiny – roedd na ddeifars ar y cychod yn mynd i ddal y siacar.

Cwch deunaw troedfedd oedd ganddon ni y Gull – ddigon mawr i fynd i Aberdaron yn ôl ac ymlaen ac i sgota. Yr hen *Leuddad* oedd cwch yr ynys – mi ddaeth honno i'r lan yn froc môr yn y Rhyfel Gynta. Mi'i torrwyd hi'n ei hanner a gwneud dau gwch ohoni. Y *Blackbird* oedd enw'r darn arall. Mi fuo hwnnw gen i yn sgota o Borth Golmon am

Y Lleuddad – *hen gwch pobol Enlli ac ymwelwyr astudio adar*

Nhad yng nghefn y cwch a finnau yn y blaen a fusutor yn y canol

sbel. Roedd y ddau ohonyn nhw'n gychod môr da, yn reidio'n neis.

Diwrnod Dolig oedd orau gin i – gwydd i ginio ac adeg difyr o'r flwyddyn. Wedyn mi ddoi hi'n adeg ŵyn bach, a dechrau sgota o ddifri ym mis Mai. Cynhaeaf gwair ar ôl hynny – a ninnau'r plant efo cribyn bach. Uffar o job galad!

Dwi'n cofio un parti Nadolig efo mrawd a chriw'r leitows. Ond mi ddaeth hi i fwrw glaw ac roedd isio rhedeg adra drwy'r glaw a'r tywyllwch yr holl ffordd i Nant. Roedd yna un o hogia'r leitows yn reit nerfus – roedd ganddo fo ofn nos. Roedd na dri ohonyn nhw ond tro hwn oedd hi i ddod i fyny i dai'r ffermydd i nôl llefrith ambell noson. Mi fyddai 'na hen darw yn y cae – dau ohonyn nhw! Mi glywodd yr hen foi dwrw tjaen trap cwningen ac mi feddyliodd bod un o'r teirw yn dod amdano fo. Mi redodd ac mi dynnodd ei gôt ac mi neidiodd dros rhyw glawdd ac mi gollodd ei sgidiau.

*Cwch Siôn Tŷ Lôn (*Blodwen*) yn mynd o Aberdaron i Enlli; mae'r dyn sy'n sefyll wrth y jetis yn debyg iawn i 'Nhad*

Siôn Tŷ Lôn yn edrych tua'r ynys o Uwchmynydd

'What the hell have you been doing?' oedd hi pan aeth o'n ôl i'r goleudy.

Dwi'n cofio un storm hegar yn nechrau'r ffortis. Roedd y môr i fyny i'r cae ymhell ac mi daflodd hen gwch moto mawr Enlli dros y winsh yn y Cafn. Roedd hi'n nofio dros y winsh. Roedd y môr yn cyrraedd o'r Cafn i Borth Solfach, reit ar draws. Roedd yr ynys wedi'i thorri'n ddwy. Mae'n saff bod honno dros gan milltir yr awr – honno oedd y storm arwa' welis i yno.

Roedd 'na hops yn tyfu yn y winllan y tu uchaf i tŷ Nant ac roedd Mam yn hel y blodau i gael berum gwyllt. Roedd hi'n gwneud berum cartre ohonyn nhw ac roedd na ddigon o berum drwy'r gaeaf wedyn. Ond wedyn mi ddaeth Arthur Strick yno i ffarmio ac mi roedd ganddo fo geffylau yno ac mi futon nhw'r cwbwl o'r hops a doedd na ddim byd ar ôl yno.

O flaen Carreg Bach wrth ddychwelyd i Enlli gyda Brenda

Parti yn y goleudy – 'mrawd a minnau ar y chwith a dau o hogia'r goleudy; dechrau'r pum degau

Dod â'r teulu yn ôl i'r hen ynys – plant Megan fy chwaer

Cael cwmni fy chwaer, Megan (yn eistedd) a Mrs Hughes Henfaes, Aberdaron a fu byw ymhell dros ei chant oed

Coed eraill yn y winllan oedd coed ysgaw, coed gwiail a choed falau – roedd 'na bedair coeden fala yno. Ddim fala mawr chwaith ond fala byta – rhei bychain melys, neis iawn wedi iddyn nhw aeddfedu hefyd.

Roedd 'na goeden fala ym Mhlas Bach hefyd. Roedd hi'n tyfu i fyny'r wal reit at ffenest llofft. Roedd 'na doman o fala arni bob amser. Yr hen Jack Mark oedd yn byw yno'r adeg honno a dwi'n cofio'i wraig o'n disgwyl plentyn – mi'i ganwyd o yn y cwch ar y ffordd i Aberdaron yn y 1940au. Mae'r coed fala bach coch a melyn yna i gyd yn dod o goeden Plas Bach ond roedd 'na fwy na dim ond honno pan o'n i'n byw yno.

Roedd 'mrawd yn codi'n fora bob amser. Mi gododd un bora ac mi roedd yna long ar ei hochor ar graig Maen Bugail ar ochr ogleddol yr ynys yng ngheg y Swnt. Roedd y llong wedi rhedeg i fyny arni ac roedd 'na dyllau ynddi. Mi aeth cwch Enlli allan ati ac mi aed â hi i Borthor. Roedd llwyth o lo ynddi ac mi fu'n rhaid ei gwagio hi i'r môr – roedd glo mân ar hyd y traeth, ond hen lo sâl i neud tân hefyd, glo stêm ynde, ddim gwerth.

Dwi'n cofio'r hen Jermans yn dwad adeg rhyfel. Roeddan nhw'n dwad bob nos jest iawn, yn isal, isal gyda'r glannau i gwfwr y confois yn dod i fyny. Ddim ond un dwi'n cofio'n cael ei tharo yno – rhyw hen dancar. Mi aeth ar dân – mi fu'n llosgi am dri i bedwar diwrnod. Mi losgodd rhai o'r criw oedd arni hefyd – neidio ohoni i'r môr a hwnnw ar dân. Ddaru nhw rioed danio ar yr ynys chwaith ond mi saethon dŵr y goleudy un waith.

Mi fydda'r Queen Mary'n pasio weithiau ar ei ffordd i

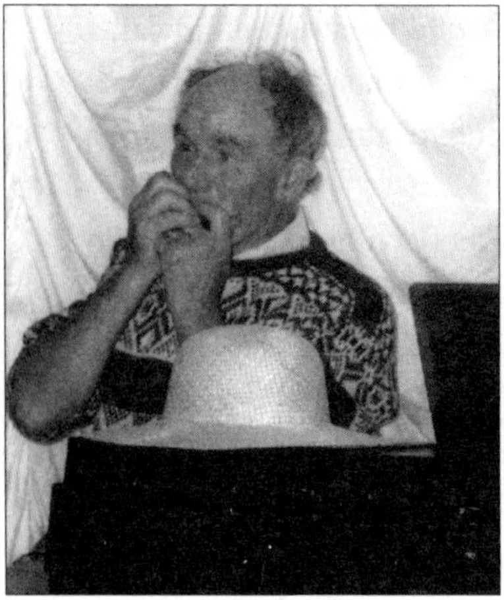

Rhoi tonc ar yr organ geg

Merica – anfarth o long, ac mi roedd hi reit agos weithiau.

I Aberdaron roeddan ni'n mynd i siopa – roeddan ni'n mynd drosodd bob wythnos os oeddan ni'n medru, i nôl llythyrau a ballu. Nhad oedd y postman ar Enlli. Dwi'n cofio'r hen Domi Tŷ Pella, Aberdaron – dyn bach gwyllt, gwyllt ac mi fydda na lawer yn gwneud hwyl am ei ben o ar draul ei sgidia. Roedd o'n mynd mor wyllt nes bod ei sgidia fo'n gwichian.

William Evans oedd yn cadw siop yno a Siôn Bwtsiar yn cadw siop gig ac wedyn mi agorodd Twm Glyn siop ar dop y traeth. Ac roedd Edi a Leusa yn y post, lle mae'r caffi newydd wrth ymyl yr afon. Wedyn mi fildion nhw bost newydd – wn i ddim os oes na rywun yn byw yn hwnnw erbyn hyn. Mi fu ar werth am hir, hir.

Siôn Tŷ Lôn oedd y cymeriad mwya ar yr ynys – roedd o'n gostgard, yn ffarmio ac yn pysgota ac wedyn mi aeth i gario fusutors o draeth Aberdaron. A dyna fuodd o'n ei wneud nes iddo golli'i fywyd ym Mhorth Meudwy. Roedd o'n ddyn clên ac yn beniog. Mi gafodd o hyd i hen injan unwaith mewn rhyw hen gwt. Faint oedd hi wedi bod yno, dwi ddim yn gwybod. Mi chath hi fynd beth bynnag ac mi hiwsiodd hi i dorri coed tân, efo lli gron ynde. Mi ro'n inna'n

Ar wyliau!

cadw sŵn isio'i thanio hi ond cheuthwn i ddim rhag ofn imi gael gic ganddi hi! A thorri mreichiau'n de.

Y rheswm wnaethon ni orfod gadael Enlli oedd bod 'Nhad wedi mynd yn rhy hen i wneud llawer. Mi wnaethon ni symud i Cabli wrth gapel Hebron – mi fuon ni'n symud yn ôl ac ymlaen am tua tair blynedd, yn dod â chydig bach o hyd. Mae na saith deg pedair acer efo Cabli – mi ro'than ni'r gorau i sgota wedyn. Mi aeth Mair fy chwaer i'r Ffôr ond y gweddill i ochrau Bryste.

Mae'r machlud yn medru bod yn braf iawn ar Enlli – yn goch, goch weithiau. Ond yn y bora mae hi ora i weld Iwerddon. Mi all fod yn blaen iawn weithiau – pedwar o'r gloch y bora mae hi ora. Dwi'n cofio bod allan ar y môr ben bora unwaith tua'r pum degau oedd hi – argol, roedd hi'n agos ynde, yn hollol blaen. Ro'n i'n medru gweld y tai arni, rheiny wedi'u gwyngalchu. Fi a Wil Tŷ Pella oedd ar y môr bryd hynny, tua hanner awr wedi tri i bedwar ym mis Mehefin. Doedd o ddim yn arwydd tywydd mawr chwaith – mi roedd hi'n hollol braf.

Nain a'i theulu
atgofion Nan Parri

Oedolion Enlli – tua 1881

Dynas o ddifri oedd Nain Hendre Bach, yn gymeriad cadarn a thawel. Chlywais i mohoni erioed yn chwerthin yn iach, dim ond gwenu'n dawel. Gweithiai'n galed a disgwyliai i bawb arall wneud hefyd. Hi oedd yn llywodraethu ar yr aelwyd – ar ei gŵr a'i thri mab a'i dylanwad yn gryf iawn ar Walter fy mrawd a minnau wedi hynny. Roedd ganddi ben busnes da ynghyd â barn gytbwys a glynai at 'lythyren y ddeddf' – deddf gwlad a deddf Moses. Teimlai'n anrhydedd cael lletya gweinidogion a chymryd rhan mewn cyfarfodydd gweddi yn y capel ar nos Sul. Nodweddion ei magwraeth ar Ynys Enlli oddi ar Benrhyn Llŷn mae'n siŵr oedd hyn ac ymhyfrydai yn y ffaith ei bod, fel llawer teulu arall, o linach yr hen deulu Nathaniel ar yr ynys o ochr ei mam a'i nain.

Bu'r teulu yno am rai canrifoedd a cheir prawf o hynny

Hendy, Nant ac adfeilion Abaty Enlli

yn Ardystiadau'r Esgob lle cofnodir ffeithiau yn niwedd yr ail-ganrif-ar-bymtheg.

Nain yn 82 oed

Ym mhapurau stad Glynllifon mae llythyr digon diddorol, dyddiedig 20 Medi 1773, sef petisiwn ar ran John Nathaniel oddi wrth John Prichard at yr Arglwydd Newborough, perchennog yr ynys. Cais ydi o am nawdd o fath gan fod John Nathaniel wedi disgyn ar ddyddiau dyrus. Eglura fel y bu'n dal tir ar yr ynys am dros wyth mlynedd ar hugain ac y bu iddo wario llawer iawn o arian ar yr adeiladau a gwrteithio'r tir ac mae'n awr yn brin o arian. Dair blynedd ynghynt oherwydd dichell a thwyll eglura fel y cafodd ei berswadio i drosglwyddo ei eiddo yn ogystal â Bodermid, Aberdaron i'w ail wraig. Mae ei wraig greulon, ei phlant a'i brawd (*Mr. Thomas Hughes, surveyor of Port of Beaumaris*) wedi ei wneud yn drempyn heb gartref nac arian i'w gynnal ac mae'n erfyn ar yr Arglwydd i'w gynorthwyo. Ym Mangor ar 11 Mai 1768 y priodwyd John Nathaniel, alias Jones, iwmon, a Jane Jones. Roedd y ddau yn weddwon. Beth, tybed, fu ymateb yr Arglwydd Newborough? Tybed ai hwn oedd John Nathaniel y claddwyd ei wraig ym mynwent Aberdaron, ym 1766. Ond ymhle y claddwyd ef?

Arferai cefnder i fy nhad ddweud mai John Nathaniel, un

o'n cyndeidiau oedd perchennog y llong *Slive of Bardsey* (Mae David Thomas yn cyfeirio at hon yn ei lyfr *Hen Longau Sir Gaernarfon*). Ai gwir hyn ac ai ef oedd y John Nathaniel uchod?

* * *

Yn eglwys Aberdaron ar 28 Gorffennaf 1788 y bedyddiwyd Sian Nathaniel, yr ieuengaf o bump neu chwech o blant Nathaniel ac Elin Roberts. Ar 16 Awst 1812 priododd gyda Robert Williams, mab William ac Elizabeth Bevan, tafarn Gegin Fawr, Aberdaron, a gafodd ei fedyddio yn eglwys Aberdaron ar 9 Ionawr 1794. Gwnaethant eu cartref yn Hendy, Ynys Enlli a ganwyd iddynt chwech o blant: William (1813), Nathaniel (1815), Ellen (1818), Elizabeth (1821), Jane (1826) ac Ann (1829). Bu William farw yn blentyn ac aeth Elizabeth a Jane drosodd i'r tir mawr, y naill i Aberdaron a'r llall i Abersoch. Daeth Robert, mab hynaf Elizabeth, i fyw at ei daid a'i nain yn Hendy pan oedd yn hogyn ifanc. Arferai fy Nhad sôn fod Sian, a merched eraill wedi boddi yn y Cafn oherwydd pwysau eu dillad pan drodd cwch drosodd. Ond mae'n debyg mai ei mam neu ei nain foddodd ac nid hi. Ni fu hi drosodd o'r ynys am 30 mlynedd. Merch ieuengaf Ann oedd Jane, fy nain. Cafodd ei geni fis Gorffennaf 1870.

Cymerai Robert ran flaenllaw ym mywyd yr ynys ac ato fo y byddai'r ynyswyr yn dod i ddatrys unrhyw broblem a dyma un enghraifft o hynny:

Bardsey March 2-1854

Sir

Mi rwyf yn hysbysu i chwi fy mod i pan oedd Mr Lloyd yma yn taly iddo tros William Nathaniel am ddyfodiad Mr Lloyd yma at ei wraig fe roeddwn yn gadal pump swllt gida ac ef a hynny o herywdd nad oedd ganddo arian gwynion i newid ac fe adawyd y swm uchod gida ef fel y gallay William Williams (y Nant) ei fab ei cael pan y byddai yn setlo gida Mr Lloyd oblegid yr oedd William wedi cael physic ganddo cin hyn chwi a ellwch gymeryd fy ngair mae gwirionedd yw hyn ac os bydd eisia mwy sicrwydd na hyn mi rwyf fi yn barod yw wneyd trwy lw.

Ydwyf yn ddiolchgar

Robert Williams Enlli

Roedd ganddo 11 acer o dir i'w amaethu, byddai'n pysgota, gwneud gwaith i wŷr y Goleudy, marchnata rhwng Caernarfon a Lerpwl ac edrych ar ôl buddiannau'r ynyswyr. Mae cofnod ar gael o amcan bris o'i eiddo:

Estimate for Limewashing...

I Robert Williams will undertake to Limewash the Boundary & Garden walls and outhouses of the Bardsey Light Establishment for the sum of Two Pound, Ten shillings, finding all materials & requisites for the Job.

Signed Robert Williams
Bardsey Island
Nov. 11th 1857.

Daeth o dan ddylanwad Diwygiad 1812 fel y bu iddo ymhen rhai blynyddoedd benderfynu cael ei ordeinio'n weinidog gan Henaduriaeth Llŷn ac Eifionydd. Ar 10 Awst 1828 y pregethodd gyntaf ar Enlli a bu'n weinidiog ar yr ynys am ddeugain a thair o flynyddoedd gan wynebu llu o wrthwynebiadau, yn bennaf oddi wrth achosion eraill oedd am sefydlu ar yr ynys. £5 y flwyddyn oedd ei gydnabyddiaeth. Yn ogystal ag ar Enlli byddai'n mynd i bregethu i wahanol fannau ar y tir mawr. Yn ôl Henry Hughes, Bryncir, pregethai gyda nerth mawr yn Niwygiadau 1849 ac 1859 nes byddai'n mynd yn orfoledd mawr weithiau.

Ond roedd Robert yn ŵr amlwg a diddorol iawn. Disgrifiad y Parch. John Jones, FRGS, Pwllheli ohono yn *Traethodydd* 1885 yw:

> ei fod yn ŵr hynaws ei dymer a chadarn ei gyfansoddiad. Yr oedd ganddo ddwy law galed, ac o'r maintioli mwyaf. Yr oedd ganddo ewynnau fel gefynnau heiyrn, ac nis gwyddai beth oedd pryder ac ofn. Yr oedd ganddo yr hunanfeddiant llwyraf yng nghanol pob enbydrwydd, ac nid oedd yr un trymwaith nas gallai ei gyflawni.

Mae sawl hanesyn wedi ei gofnodi amdano, rhai gan John Jones, Pwllheli, ac o bosibl fod angen ymestyn peth ar y dychymyg i dderbyn ambell un!

Er iddo gael ei fagu yn nhafarn y Gegin Fawr, Aberdaron, roedd yn ddirwestwr pybyr ac yn areithiwr brwd a thanbaid. Arferai fy nhad ddweud y byddai cwsmeriaid yn annog ei dad, oedd yn dafarnwr mwy anystyriol na'r cyffredin, i yfed er mwyn cael hwyl o'i glywed yn gwawdio ei fab pan ddeuai heibio. Ar un nos Sul, wrth bregethu ym Mhencaerau, roedd Robert wedi bod yn condemnio'n frwd yr yfed a'r anfoesoldeb fyddai yn ffair Aberdaron, drannoeth. Wrth ddychwelyd am adref fore Llun galwodd yn Gegin Fawr ond chafodd o ddim croeso gan ei dad, dim ond ei daflu, fo a'i becyn, i'r ffordd – roedd y tad wedi clywed am y bregeth danbaid y noson cynt! Fe gymodwyd wedi peth amser.

Arferai Robert fynd o amgylch i siarad ar ddirwest ac ar un o'r teithiau hynny ym Metws-y-coed aeth cyn belled â dweud fod y brenin a'r frenhines yn y wlad lle'r oedd ef yn byw wedi arwyddo Dirwest ac yn ddirwestwyr brwd. Er syndod i'r gynulleidfa aeth ymlaen i egluro mai Ynys Enlli oedd y wlad ac mai ato ef a Sian ei wraig y cyfeiriai. Doedd dim sail o gwbl i'r honiad er y cyfeirid ato'n aml ar y tir mawr fel esgob a brenin yr ynys. Efallai y gallai arweinydd neu lywodraethwr fod yn addas hefyd! Mae'r Dr. William Rees yn dweud mewn Cyfarfod Misol yn Llithfaen, wrth bregethu ar ôl Robert Williams, ei bod "y fraint fwyaf a gefais erioed yn fy oes, sef cael pregethu ar ôl y brenin!".

Mae'n debyg y byddai Robert yn teithio cryn dipyn rhwng Enlli a Lerpwl gan fod llawer o alw am bysgod a haidd yr ynys, a'r chwedl yw iddo, unwaith, wrth geisio mynd i'w long gyda bagiad o halen ar ei ysgwyddau, ddisgyn rhwng dwy long. Y cwbl a wnaeth oedd nofio yn ôl i'r lan, a hynny heb i'r halen symud oddi ar ei ysgwyddau!

Gan nad oedd treth ar yr ynys nac yn Cwrt, Aberdaron –

roedd hyn oherwydd y cai trigolion Enlli lety yno os byddai'n amhosibl croesi'n ôl – roedd yr ynyswyr yn awyddus i osgoi unrhyw ymyrraeth oddi wrth sefydliadau swyddogol. Robert Williams oedd eu cynrychiolydd am dreth y tlodion a llwyddwyd i osgoi derbyn y wŷs sawl tro. Ond un bore Sul pan oedd yn pregethu ym Mhencaerau, roedd y ceisbwl (*bailiff*) yn eistedd yn y gynulleidfa gyda'r wŷs yn ei boced, yn barod i'w chyflwyno iddo ar derfyn yr oedfa. Ond argyhoeddwyd ef y byddai'n annoeth iawn iddo ei chyflwyno bryd hynny gan y byddai'n torri ar sancteiddrwydd y Saboth ond y cawsai ddigon o gyfle fore drannoeth wrth i Robert fynd at ei gwch. Derbyniodd y gŵr y cyngor a chafodd Robert gyfle i ddianc i ymguddio hyd nes yr oedd yn ddiogel iddo groesi'n ôl. Dro arall fe syrthiodd myharen oddi ar glogwyn i'r môr a neidiodd Robert ar ei ôl yn syth a dod ag ef yn ôl i'r lan.

Credai rhai ei fod yn berchen sgwner (2FF), 64 tunnell gyda phenddelw dyn ac a deithiai o gwmpas yr arfordir – Caernarfon, Porthmadog, Llundain, Lerpwl, Newcastle, Poole, Youghall yn Iwerddon, Hamburgh a Bremen yn yr Almaen. Ond i Rees ei fab-yng nghyfraith, gŵr Ann, yr adeiladodd Evan Ellis Porthdinllaen hi ac roedd gan Robert ei ŵyr bedair siâr ynddi.

Gwnaeth Robert Williams ei ewyllys ar 18 Ebrill 1874 gan adael: £30 i'w fab Nathaniel ar yr amod nad oedd i geisio cymryd tenantiaeth Hendy; £20 yr un i'w ferched Ellen, Elizabeth a Jane. Yn ogystal â'r £20 gadawodd ei dŷ yn Abersoch i Jane ac i'w merch hithau ar ei hôl. Roedd gweddill ei eiddo i'w rannu rhwng Ann, ei ferch ieuengaf a

Robert, ei ŵyr fel tenantiaid cydradd ac nid fel tenantiaid ar y cyd. Roedd cyfran Ann i gael ei drosglwyddo i'w phlant hi wedi ei marwolaeth. Apwyntiodd Ann a Robert yn ymddiriedolwyr. Os byddai unrhyw un yn cynhyrfu'r dyfroedd yna roedd yn colli ei gyfran. Ond ar 10 Hydref 1874 fe ychwanegodd *codicil* yn tynnu cyfran Nathaniel i lawr i £20. Beth tybed oedd achos y newid yma? £450 oedd gwerth ei ystâd.

Ar fore Sul 4 Ebrill 1875 bu farw Robert Williams yn 81 oed wedi rhyw dridiau o anwyd ffliw. Y Sul blaenorol roedd wedi pregethu yn y capel newydd. Ychydig ddyddiau ynghynt bu Evan Williams, Cristin, ei fab-yng-nghyfraith, farw yn annisgwyl wedi gwaeledd byr ac efallai i'r sioc, yn ogystal â'r anwyd, fod wedi effeithio ar Robert. Ar 8 Ebrill claddwyd ef ym mynwent Enlli gyda'i wraig Sian, a fu farw yn 1872.

Tri o'r plant arhosodd ar yr ynys – Nathaniel, Ellen ac Ann.

Priododd Nathaniel hefo Mary, merch Robert Williams, *Labourer* o Aberdaron ac aethant i fyw i Carreg Bach – y bwthyn bach sydd uwchben y ffordd. Roedd ganddynt dri o blant – Robert (bu ef farw ar y môr pan oedd tua 36 oed); Thomas, hen lanc mae'n debyg ac yn ffermio ar ôl ei dad a Jane sydd â llun ohoni ar y cerdyn post "Jane William's Cottage, Exterior. Bardsey". Bu hi farw yn 1927 a'i chladdu ym mynwent Aberdaron. Roedd ganddi ddau o blant – Jane a briododd gyda William Hughes, Dyno Goch (Dynfra Aberdaron wedi hynny) a John. O bosib mai ei mab John yw'r plentyn sydd yn y darlun dynnodd John Thomas o

Carreg Bach. Bu Nathaniel farw yn sydyn ar 8 Mai 1895 yn 80 oed, yntau wedi cael anwyd ffliw a chafodd ei gladdu ym mynwent Enlli.

Priododd Ellen gyda Evan Williams, Cristin Uchaf a magu tri o blant yn Cristin Isaf. Yn wahanol i'w dad-yng-nghyfraith, ni wnaeth Evan ewyllys a bu'n rhaid i Ellen fynd ynghylch y *Probate*. Ganwyd un ferch a dau fab iddynt – Mari, Harri a William. Mae'n debyg mai rhai digon blin oedd Mari a William ond dywedai fy nhad mai un tawel a doeth oedd Harri. Aros yn Cristin yn ddi-briod fu hanes y tri. Yn ôl fy nhad, cartrefol iawn oedd Mari a heb fod oddi ar yr ynys am 25 mlynedd cyn y mudo mawr yn 1926. Fe dorrodd ei chlun rywdro a'r brodyr yn dweud wrth y meddyg ei bod wedi mynd i ormod o oed i roi llawer o gostau arni! Bu Harri farw yn ei gadair ar ôl cinio a Mari'n dweud iddo gael crys glân ac wy i frecwast a William yn gofyn "Beth oedd eisiau i Harri farw fel yna?" Claddwyd ef ym mynwent yr ynys yn yr un bedd â'i daid o ochr ei dad.

Arferai William gario glo hefo trol a dwy gaseg dew iawn o'r llong yn y Cafn i'r Goleudy a byddai bob amser wedi gwisgo'n dda gyda chadwyn aur ar draws ei frest i ddal ei oriawr. Fo oedd un o'r ddau fyddai'n casglu at y Genhadaeth yn flynyddol. Fedrai o ddim darllen a doedd ganddo fawr o Saesneg ac o ganlyniad byddai'n siarad Saesneg wedi ei bupro â geiriau Cymraeg. Mae sôn amdano'n egluro i un Sais:

"Mi and Twm Tŷ Pella shoot large big gwningen, un fawr gynddeiriog".

Dro arall un o ddynion y goleudy yn gofyn iddo:

Capten Rees Griffiths a chriw y Wanlock

"Can you tell me something about this chapel, William Williams?"

"O yes. Tad fy nhad, grandfather to me cododd this chapel, and rŵan there is gwellt glas wedi tyfu rownd the chapel you know."

Mae stori am William eisiau engan i'r ynys, a chan fod un yn sefyll yn segur yn yr efail yn Gladstone, Aberdaron, dyma ofyn a gâi o hi. "Fe'i cei Wil," meddai'r gof, "os medri ei chario i'r cwch ar y traeth". Gafaelodd yntau ynddi, ac er ei phwysau, cariodd hi bob cam i gwch Enlli. Dywedir am Robert Williams, ei daid, y gallai gario cant o haidd o dan bob cesail ar draws ysgubor. Roedd dynion Enlli yn eithriadol o gryf gan yr arferent gario pobl ac anifeiliaid i'r cwch i ddod drosodd i'r tir mawr.

Tua 1925 symudodd Mari a William o'r ynys i Tremnant

Aberdaron, gan iddynt fynd yn ddiymgeledd iawn. Bu Mari farw yn 1926 a symudodd William at Nain, ei gyfnither, i Hendre Bach, Rhosfawr. Fel "y ddynas 'na brynsoch chi, William" y cyfeiriai at Nain bob amser wrth Taid. Bu ef farw yn 1929 yn 73 mlwydd oed a'i gladdu ym mynwent Aberdaron ar hynny ar ddiwrnod o dywydd dychrynllyd. Bu adroddiad o'i farwolaeth yn yr *Herald Cymraeg*, 10 Rhagfyr 1929 o dan Llwyndyrys a'r Ffôr. Mae'n debyg mai ef oedd yr olaf o'r hen drigolion ymfudodd o'r ynys ddwy flynedd ynghynt.

Ann oedd yr ieuengaf a hi oedd fy hen-nain i. Ganwyd hi ar 28 Mai 1829 a'i bedyddio yng nghapel Uwchmynydd ar 16 Gorffennaf 1829. Ar 22 Chwefror 1861 priododd hefo Rees Griffiths, mab Griffith Griffiths a Ruth (gynt Richard), Brynmawr, Anelog, Aberdaron, oedd yn forwr. Aeth Rees i'r môr yn 14 oed a bu ar amryw o longau o gwmpas y byd a gweld caledi mawr ar yr hen longau hwyliau. Dywedai Nain na chychwynai o borthladd ar y Sul, ac eto byddai'n cyrraedd yr un diwrnod â'r rhai oedd wedi gwneud. Wedi gwerthu ei long yn 1875 aeth i ofalu am iot yr Arglwydd Newborough am tua 9 mlynedd. Bu ef farw ar 24 Ebrill 1900 ac yn ystod blynyddoedd olaf ei oes byddai'n eistedd ar yr ynys gyda'i sbienddrych yn gwylio'r llongau yn mynd yn ôl ac ymlaen i Lerpwl. Ond roedd yn dal yn ddyn busnes bron hyd y diwedd, fel y dengys y llythyr yma:

Aberdaron
Mehefin 14eg 1878

Annwyl Gyfaill, yr wyf wedi clywed heddyw eich bod yn

dyfod i Enlli efo glo ac mi fuasai yn dda gennyf pe buasech yn dyfod a hanner cant o fara caled a tri phwys o goffi gorau, a thair stolen o gwrw (sic), yr wyf wedi dyweyd wrth Capten Williams am anfon yr odors i ddyfod a glo acw, yr wyf yn cofio atoch a chan obeithio eich bod yn iach

Hyn oddiwrth

Rees Griffiths

Bardsey Island.

Wedi priodi bu Ann a Rees yn byw yn ei chartref hi, Hendy, hefo'i thad a'i mam, Robert ei chefnder, eu tri plentyn a morwyn. Yn ôl cyfrifiadau roedd morwyn ar sawl fferm, aelodau o'r teulu gan amlaf, a hefyd "dressmaker" un ai wedi dod drosodd o Aberdaron neu yn un o'r merched. Yn ôl yr adroddiad o'i hangladd yn yr Herald Cymraeg, 29 Tachwedd 1910 mynegir:

> iddi ddilyn ffyrdd ei thad a bu'n gymorth sylweddol i'r achos yn Enlli tra y bu hi byw, a bydd colled nid bychan yn yr ynys ar ei hôl, oherwydd roedd yn chwaer dawel a distaw, anwyl a charedig, a ffyddlawn a doeth.

Ganwyd tri o blant i Rees ac Ann. Ruth oedd yr hynaf, wedi ei geni yn 1864. Yn bedair-ar-ddeg oed aeth i Abersoch, ac yn ddiweddarach priodi a magu teulu yno. Roedd William ddwy flynedd yn iau na Ruth, wedi ei eni ar 1 Chwefror 1866 ac arhosodd ar yr ynys yn ddibriod tan ar ôl i'w fam farw, pryd y priododd â Jane Jones, merch Gladstone, yr efail,

Dewyrth William a Jane ei wraig yn y canol rhes ôl

Aberdaron. Mewn llythyr at berthynas i'r teulu yn Lloegr mae Jane yn canmol y trigolion, eu bod yn hen bobl iawn. Mae'n debyg fod William yn un direidus iawn ac un noson roedd cyfarfod yn yr hen ysgol a phawb yno. Roedd Sion Cristin Uchaf un ochr i'r adeilad a William yr ochr arall. Roedd Sion yn hollol fyddar ond gallai ddarllen gwefusau. Gwnaeth William siâp ceg fel ag i ddweud "Wt ti 'di bod yn ffrindia hefo Mary Cristin". Meddyliodd Sion iddo ynganu'r frawddeg yn uchel ac ymatebodd drwy ddweud dros y lle nad oedd wnelo fo ddim â hi.

Ganwyd Jane, fy nain, ar 21 Gorffennaf 1870 yr ieuengaf o'r tri plentyn. Mae'n debyg iddi fod yn wael rywbryd ac fe dalodd ei thad gan punt er mwyn iddi gael mynd i Drefriw am feddyginiaeth. Fe gollodd ei gwallt i gyd yr adeg hynny. Mi fu hefyd yn Lerpwl am flwyddyn, yn dysgu gwnïo mae'n debyg a byw hefo Jane ei chyfnither. Roedd ganddi Saesneg digon graenus gan ei bod yn chwarae hefo plant y goleudy fel nad oedd mynd i Lerpwl yn broblem o gwbl.

Dri mis cyn i Robert Williams farw anfonodd Henaduriaeth Llŷn ac Eifionydd genhadwr ifanc, William Thomas Jones, o Geunant, Llanrug i'r ynys gan fod yr hen weinidog yn mynd i oed a chyflwr yr Achos yn bur wantan. Pryderus iawn oedd o o adael "gwlad rydd" trwy "ddyfod i fyw bywyd mynachaidd i'r ynys anghysbell hon" ond roedd y croeso gafodd gan Robert Williams a'r ynyswyr yn tawelu llawer ar ei ofnau a'i bryderon. Roedd yn anhapus iawn ynglŷn a chyflwr moesol ac ysbrydol yr ynys ac aeth ati yn syth i geisio gwella pethau. Rhoddodd ddeg o "gynghorion rhagocheliadol" i'r ynyswyr ar beth i ymatal rhagddynt:

1. poeri yn y capel
2. cadw yr het am y pen wrth ddyfod i'r capel
3. sefyllian tua'r capel cyn adeg dechreu
4. cydorwedd ac anlladrwydd sef godinebu a cherdded y nos i ddilyn hen ffasiwn isel a di-gymeriad
5. yfed a meddwi
6. tyngu a rhegi
7. cadw y ceffylau adeg y moddion ar y Sabboth
8. esgeuluso moddion gras
9. torri y Sabboth trwy wag rodiana o dy i dy heb fod dim yn galw ond porthi hoen a hen arfer isel
10. peidio myned trosodd ar y Sabbothau oddi eithr y bydd gwir angen.

Plant Enlli 1881

Ymhen pum mlynedd roedd yr ynys wedi newid drwyddi draw, a'r ynyswyr wedi eu diwyllio – y mwyafrif wedi dysgu darllen Cymraeg a Saesneg, y sgwrs yn codi uwchlaw pethau bob dydd a'r anfoesoldeb wedi cilio. Ond gresynai fod cyn lleied yn ddirwestwyr. Cynhaliodd ysgol ddyddiol o dan nawdd Cyfarfod Misol Llŷn ac Eifionydd. Roedd safon iaith y plant wedi gwella a medrent yn awr adrodd adnodau oddi ar y cof, darllen, ysgrifennu, rhifo a chanu, er na chlywais Nain erioed yn canu tra bûm i'n eistedd hefo hi yn y capel ar nos Sul dros rai blynyddoedd! Roedd cyfanswm adnodau'r plant ym 1883 yn 7,526, gyda Mary Roberts, Tŷ Pellaf, ffrind oes Nain wedi dysgu 1,283 a Nain 1,147. Roedd gan Mary gof anhygoel mae'n debyg. Yn lle llusgo i'r oedfa bawb yn ei amser ei hun roedd yno brydlondeb. Pawb yn gwisgo'n hardd a buddiol fel i un ymwelydd ddweud fod "Enlli wedi mynd yn Baris o le, yn meddu ar y ffasiynau diweddaraf a'r style odidocaf a'r lle y siaredir gwahanol ieithoedd".

O dan arweiniad W. T. Jones y magwyd Nain a pharodd ei ddylanwad ef a'i olynydd y Parch. William Jones arni gydol ei hoes. Deuai pregethwyr yno o'r tir mawr ac unwaith o cyn belled ag America. Daeth Rosina Davies, y genhades yno hefyd. Roedd eglwysi Llŷn ac Eifionydd a masnachwyr Pwllheli a Phorthmadog yn eithriadol hael eu rhoddion i'r capel.

Ar 9 Medi 1903 fe briododd Nain hefo William Roberts, mab Hendre Bach, Rhosfawr, ger y Ffôr. Saer oedd fy nhaid fel ei dad a'i daid o'i flaen. Dyn addfwyn a gwastad ei dymer. Mae un stori amdano ymhen blynyddoedd wedi priodi yn mynd adre a dweud,

"Jane, mi rydw i wedi prynu car."

Hithau â'i thraed ar y ddaear yn dweud:

"Wel William bach, mi fyddwn ni'n siŵr o fynd i'r Wyrcws."

"Mi awn ni yno'n gynt yn y car, Jane," oedd ei ateb yntau.

Cefndir y garwriaeth oedd i William fynd i Enlli hefo Edward Owen o Lanbedrog. Wedi cyrraedd, roedd gŵr Plas Bach yn gandryll ac yn bytheirio gan fod y crefftwyr oedd i fod i adeiladu tŷ gwair iddo yn feddw gaib yn Aberdaron. Tawelodd Taid ef yn ei ffordd hamddenol ei hun gan ddweud eu bod nhw ill dau yn seiri ac os caent offer a dillad gwaith yr adeiladent hwy y tŷ gwair. Buont yno am dair wythnos yn adeiladu. Mae'n amlwg i Taid wneud ei waith a dod o hyd i wraig yno yr un pryd! Fu'r garwriaeth ddim yn un esmwyth – Methodistiaid Calfinaidd oedd Nain a'i theulu a Taid a'i deulu yn Fedyddwyr rhonc. O du teulu Enlli, yn fwyaf arbennig rydw i'n meddwl, yr oedd y gwrthwynebiad. Roedd Ann yn flin iawn fod Jane am briodi William. Canlyniad hyn fu i Taid a Nain briodi yn dawel yng nghapel Y Bwlch, Llanengan ar ddydd Mercher 9 Medi 1903. Fel hyn mae'r adroddiad am y briodas yn yr *Herald Cymraeg* 22 Medi 1903:

> Abersoch:
> Priodasau – Dydd Mercher y 9fed cyfisol, priodwyd un o gymeriadau goreu Ynys Enlli, sef Miss Griffiths, Hendy, a unwyd mewn glan briodas a Mr. William Roberts, Hendre Bach, Fourcrosses. Gweinyddwyd yng Nghapel y Bwlch gan Mr. Rees, gweinidog y Bedyddwyr, Pwllheli.

Taid, Nain a'r hogia tua 1920

Yr wythnos wedyn aeth Taid i Undeb y Bedyddwyr yn Lerpwl a Nain yn ôl i'r ynys. Yn ôl y plant bu Nain fyw ar yr ynys am ychydig amser wedi priodi cyn dod i fyw yn barhaol i Hendre Bach yn 1904. Bu ei mam-yng-nghyfraith farw yn 1905 ac o hynny ymlaen arni hi y disgynnodd y cyfrifoldeb o gadw'r tŷ.

Ganwyd tri o feibion i William a Jane – Rhys (1906), William (1908) a Bob (1913). Ganwyd merch hefyd, rhwng William a Bob ond bu hi farw. Rhys oedd fy nhad ac fe'i cofrestrwyd yn Rees fel ei daid ond yn ei arddegau newidiodd ei enw yn gyfreithiol i Rhys. Er mai Rees oedd enw swyddogol ei daid, mae'n debyg mai fel Rhys y cyfeiriai Nain ato.

Byddai'r bechgyn wrth eu boddau yn gwrando ar hen hanesion yr ynys, yn enwedig pan ddaeth William Cristin yno i fyw, ond prin iawn yw'r rhai a gofnodwyd. Brigai dwy stori i'r wyneb yn aml sef yr un am y ddynes a'r gwsberins a'r un am y llongddrylliad.

Yr arferiad i arwyddo fod angen i gwch Enlli ddod i nôl rhywun o'r tir mawr oedd cynnau tanau – un tân i berson cyffredin, dau dân i bregethwr neu wŷr y Trinity (Goleudy) a thri thân mewn achos o waeledd neu farwolaeth. Un diwrnod taniodd gwraig dri thân ac i ffwrdd â'r cwch ond wedi cyrraedd dim ond y wraig eisiau mynd i'r ynys i werthu gwsberins oedd yno. Chafodd hi mo'i dymuniad! Roedd trigolion Enlli yn ofalus iawn ynglŷn â phwy oeddent yn eu cario drosodd. Cafodd sawl un ei adael ar y lan gan nad oeddent yn siŵr beth oedd ei amcanion.

Stori arall oedd wedi ei serio ar gof fy nhad oedd yr un

am y llong Sbaenaidd oedd wedi ei dryllio ar y creigiau a'r criw wedi dringo i fyny nes bod eu cyrff yn gignoeth. Cawsant groeso ac ymgeledd gan yr ynyswyr. Mae'r wefan rhiw.com yn cofnodi llongddrylliad ymhen rhyw dri mis wedi geni Nain yn 1870 ac mae'n siŵr y bu sôn am y digwyddiad am flynyddoedd wedyn fel ei fod wedi ei argraffu ar ei meddwl. Yn ôl y cofnod, llong Sbaenaidd *Baringo* o eiddo M. Bilbao ac yn teithio o Lerpwl i Havana oedd hon gyda llwyth o muslims a raisins, a.y.y.b. Achubwyd y criw ac arhosodd dau ar yr ynys i gasglu hynny a fedrent o'r nwyddau a ddeuai i'r lan. Tybed mai at hon y cyfeiriai Nain neu'r *Long Leah* ddrylliwyd ar y creigiau ar 3 Hydref 1876 a'r criw o bedwar wedi eu hachub.

Go brin y gwyddai Nain am yr hen stori yn ystod rhyfel Buonoparte pan ddaeth llong ryfel i gyrion yr ynys. Aeth y dynion i gyd ar ei bwrdd ond dim ond un ddaeth yn ôl – Sion Robat Gruffydd. Dim ond ef fedrai air o Saesneg a gwerthodd y gwŷr i gyd i'r llong ryfel a dod yn ôl ei hun i'r ynys. Roedd y merched am ei waed a bu'n rhaid iddo ffoi i'r Amerig rhag eu llid. Ond cafodd y dynion ddod yn ôl trwy ymyrraeth teulu Madryn.

Cofiai William a Jane am Eisteddfod yn cael ei chynnal yno a chychod wedi dod yno o Gaernarfon a lleoedd eraill a Mynyddog yn arwain y gweithrediadau. Soniai William am un yn moli cwpaned o de, ac yntau, wedyn, yn ceisio dynwared Mynyddog. Cofient y ffermdai, y capel a'r tŷ capel yn cael eu hadeiladu ac hefyd yn debygol iawn, drosglwyddo gweddillion yr Arglwydd Newborough i'w hail-gladdu ar yr ynys ar 20 Tachwedd 1889. Roedd saer maen o Sarn,

Dewyrth William ydi'r talaf

honedig am ei wylltineb, wedi ei gythruddo rywbryd a thynnodd ei hances oddi am ei wddf a'i chladdu yn y wal a mortar ar ei phen. Un diwrnod cychwynodd morwyn o un fferm draw at bwll dŵr gan fwriadu cymryd ei bywyd ond ar y ffordd sylweddolodd fod cacen yn y popty a throdd yn ei hôl gan ddweud "Biti i gacen meistres losgi". Gan y byddai'r gwartheg allan ar y caeau, rhaid oedd godro allan ymhob tywydd, weithiau beth ffordd o'r tŷ, ac os byddai'n glawio byddent yn gwlychu at eu crwyn. Yn naturiol anodd oedd cael meddyg drosodd yr adeg yma a hefyd ffarier at yr anifail gwael. Byddai cryn anhawster gyda marwolaeth a chael arch o Aberdaron. Unwaith bu'n rhaid i un gweinidog wneud arch o goed oedd wedi eu golchi i'r lan gan na ellid cael neb drosodd i'w wneud oherwydd y tywydd garw.

Wedi priodi, dim ond dwywaith y bu Nain yn ôl ar yr

ynys. Ym 1910 daeth telegram i swyddfa'r post yn Y Ffôr yn dweud bod ei mam wedi marw a bod cwch yn disgwyl amdani i groesi i'r ynys. Tri diwrnod o gystudd gafodd hi a'r rheswm am ei marwolaeth oedd pendics wedi byrstio. Gan iddynt fethu cael meddyg ati oherwydd y tywydd ystormus, fe bwdodd William ei mab ac ymhen ychydig symudodd ef, Jane ei wraig a'i gefnder Robert i fyw i Abersoch am weddill eu hoes.

Yr ail dro oedd i helpu symud Mari a William o Cristin i Aberdaron. Aeth Bob, ei mab ieuengaf, gyda hi a chofiai ef pa mor ddiymgeledd oedd hi yno. Dim ond bara sych oedd ar gael a bu'n rhaid aros i Nain lanhau'r tŷ cyn y gallai wneud pryd iawn iddynt.

A sôn am fwyd, byddai Nain yn gwneud cacennau arferai eu gwneud ar Enlli mae'n debyg, a rhai plaen a digon sych oeddent gydag ychydig gyraints wedi eu taflu i mewn. Gan fod angen bwydo'r gweithwyr gwnai rhyw ddeg neu ddeuddeg ar y tro i bara am tua wythnos. Doedd *Victoria sponge* ddim ar y fwydlen o gwbl! Roedd hi'n rhwyddach i wneud y lleill mae'n debyg ac roeddent yn para yn hwy. Pan oedd yn plicio tatws, yn lle plicio'n denau byddai'r crwyn yn dew. Pan dynnodd nith iddi sylw at hyn yr ateb gafodd oedd fod yn rhaid i'r mochyn gael byw; a'i besgi hefyd mae'n debyg!

Byddai'n cysylltu trwy lythyr hefo'i mam sy'n egluro pam na wnaed gwaith ar y tŷ yn Abersoch a hefyd pam na allai hi fynd drosodd i Enlli.

Hendre Bach
Dydd Mawrth

Annwyl Fam,

Yr wyf wedi derbyn llythyr Willie ddoe ac yr oedd yn dda genyf glywed eich bod yn iach yna fel ag yr ydym ninau yma yn bresenol. Yr oedd yn ddrwg iawn genyf glywed fod Cathrine wedi mynd i'r cyflwr yr aeth ac yr wyf yn poeni yn arw ar eich count yna nid ydwyf yn gwybod beth iw wneyd rwan rwyf yn siwr eu bod yn ddigalon yn Plaslleuddad. Nid oes genyf ddim help am na fuasai y landers wedi eu gosod o dan y tai Abersoch yr wyf wedi prynu y Landers a thalu am danynt yr wyf wedi trio gan Ellis Owen felin Bodvean gynt chwilio am rhywyn iw gosod yr oeddwn wedi meddwl mynd yno y Sulgwyn ond nid oedd gan William amser i ddyfod gan ei fod yn Bodvean yn llyfio ddoe trwy y ddydd fel yr wyf wedi dweyd or blaen mi ddof adref mor fuan ag y medraf mae yr hogyn bach yma yn ddigon blin a chroes yn magu danedd. Wel nid oes gennyf newydd neillduol iw ddweyd buasai yn dda iawn genyf William yn dod ond yr wyf yn gwybod na oes dim modd iddo ddod.

Cofion gore attoch i gyd

Ydwyf eich fyddlon ferch

Jane

Ar gerdyn post dywed William ei fod am ddod i Hendre Bach drannoeth – sydd yn dweud llawer am brydlondeb y gwasanaeth post! Byddai Taid yn cyflenwi rhywfaint o waith coed i drigolion yr ynys. Cawn John Roberts, Plas Bach,

Enlli, yn anfon cerdyn ato, wedi meddwl ei weld ym Mhwllheli y diwrnod cynt ac yn archebu camog arall yr un faint a'r llall, olwyn 4' 6" i gadw 3¼" yn ei gwaith. Gan mai Pwllheli oedd tref farchnad Pen Llŷn a phawb yn tyrru yno ar ddydd Mercher, roedd yn fan hwylus i nôl a danfon yr hyn oedd ei angen.

Er na fu Nain yn ôl ar yr ynys, bu fy nhad a fy nhaid yn aros yno am wythnos yn 1919. Mae'n cofio croesi o Aberdaron mewn cwch rhwyfau mawr ac yntau'n cael eistedd gyda'i Ewyrth Harri, Cristin a rhwyfo gydag o. Love Pritchard, gyda'i gap melfed ar ei ben, oedd yn llywio ac ofnai fy nhad fod y cwch am daro creigiau ochr y mynydd ond cadwodd yr hen lywiwr ef gyda'r creigiau nes cyrraedd y cafn a glanio yn ddiogel. Argraff wahanol iawn gafodd Bob, y brawd ieuengaf, o Love Pritchard. Bu ar y cwch yn pysgota hefo fo a Sion Cristin ac mae'n debyg iddo fod beth yn aflonydd a chafodd ei ddwrdio'n egr gan Love Pritchard. Iddo fo, hen ddyn cas a blin oedd Love Pritchard.

Gyda nith i Nain a'r teulu yn Dyno Goch yr arhosent a chael croeso mawr a sawl gwahoddiad i de a chael crempogau yn Tŷ Nesaf. Dydd Sul, ar ôl te yn Tŷ Capel, mynd i'r capel a Taid yn dechrau yr oedfa cyn i'r Parch Owen Jones bregethu. Sylwodd fod pawb yn y capel cyn i'r gweinidog ddod i mewn – dylanwad y Parchg W. T. Jones yn dal yno. Byddai pob llyfr ar wahân i'r Beibl yn cael ei roi o'r neilltu dros y Sul. Yna un noson mynd i'r Goleudy i weld y peiriannau a'r gofalwyr. Roeddynt yn cael newyddion gyda Morse Code o oleuni yr adeilad ar ben Mynydd Mawr Aberdaron. Roedd newyddion am ddiwedd y rhyfel 1914-18 ganddynt a chafodd ddalen o bapur yn dangos y neges gafwyd gyda'r goleuni o'r tir mawr.

Bu Nain farw ar nos Sul ym mis Mawrth 1958. Ar y nos Sadwrn roedd wrthi'n gwnïo. Ond yn ystod y nos bu'n rhaid galw'r meddyg ac wedi swper nos Sul bu farw.

Er iddi fyw oddi ar Enlli am dros hanner canrif atgoffid hi'n ddyddiol am yr ynys a'i chartref oherwydd roedd ganddi lun mawr o'r ynys, wedi ei dynnu o'r awyr, ar wal y gegin fyw. Treuliodd rai o'i horiau olaf cyn cael ei tharo'n wael o dan hwnnw gyda'i pheirant gwnïo.

Ynys yr Arlunydd
atgofion Kim Atkinson

Kim yn ei chartref yn Nhy'n Gamdda, Uwchmynydd

Cafodd Kim ei geni yn Bath, ei thad yn gweithio ar fferm ac eisiau rhentu fferm iddo'i hun. Doedd dim llawer o gyfleon, na llawer o arian wrth gefn chwaith ond mi welodd hysbysebion am denantiaeth Enlli. Daeth i fyny i weld y lle a phenderfynu symud y teulu yno.

Un oed oeddwn i'n cyrraedd Enlli ac roedd fy mrawd yn fabi rhyw fis oed. Roedd Jên, merch Wil a Nellie Evans, Tŷ Pella, a'i gŵr Eddie yn symud i'r Tir Mawr efo Ian eu mab gan ei fod o'n bedair oed ac roedd hi'n amser iddo ddechrau yn yr ysgol. Mam a Dad wnaeth gymryd y ffarm yn 1963 ar ôl Eddie a Jên ac mi fuon ni'n byw yn Nhŷ Nesaf am chwe mlynedd.

Roeddan ni'n cael ein dysgu gan Mam bob bore yn y blynyddoedd olaf hynny – dim ond y bore! Mi gawson ni blentyndod rhydd. Roedd hi'n bosib inni redeg o gwmpas a chwarae y tu allan bob diwrnod. Lle braf iawn i blant.

Roedd Mick, brawd Dad, yn dod atom bob haf i bysgota mewn cwch roedd o wedi'i adeiladu ei hun. Saer cychod yn Plymouth oedd o. Pan benderfynodd Mam a Dad adael yr ynys pan oeddwn i'n saith oed, roeddan nhw'n meddwl ei bod hi'n bwysig inni fynd i'r ysgol er mwyn cymdeithasu gyda mwy o blant eraill. Ond roedd ffermydd rhent yn anodd i'w cael ar y Tir Mawr o hyd a chynigiodd Mick i Dad ac yntau ddechrau busnes pysgota efo'i gilydd yn Plymouth. Dyna lle'r aethon ni ac ar ôl dipyn mi es i goleg yn Falmouth i wneud cwrs sylfaen mewn celf. Oddi yno mi gyrhaeddais

Rhai o brendoriadau Kim sy'n darlunio bywyd traddodiadol ac adar môr Enlli

'Codi Angor' gan Kim

Trwyn y Gwyddel, gydag Enlli yn y cefndir

goleg yn Llundain i wneud gradd MA gan arbenigo ar geisio dysgu sut oedd arlunio adar.

Yn Llundain, doedd dim cyfle i ddim ond gwneud lluniau yn y sw a doedd hynny ddim yn fy siwtio i. Dyma fi'n ôl i Ynys Enlli felly – a dyna lle wnes i gyfarfod Gwydion, 'fy ngŵr'! Dyna ddechrau fy ail gyfnod o fyw ar Enlli wedi hynny. Rhwng gwaith arall, mi ges i gyfle i ddal ati gyda'r gwaith celf. Roedd yn le delfrydol i ddysgu am fyd natur a sut i ddefnyddio'r ysbrydoliaeth honno wedyn i greu lluniau.

Cyn byw ar Enlli roedd Mam a Nhad wedi cyfarfod ei gilydd ar Ynys Wair – Lundy ym Môr Hafren. Mae ynysoedd yn bethau rhamantus iawn yn hanes ein teulu ni! Rydan ni hefyd yn nabod dau neu dri o barau eraill sydd wedi cyfarfod ac wedi setlo efo'i gilydd ar Enlli.

Mae'r ynys hefyd wedi cael dylanwad ar arddull fy ngwaith celf a fy null o weithio. Yn Llundain ro'n i'n astudio dyluniadau (illustration) ond dwi wedi dysgu sut i greu printiadau yma ar Enlli. Roedd hi'n naturiol rhywsut imi gario mlaen gydag ysgythru, prendoriadau a monoteip a phethau tebyg ar yr ynys. Mi fu Gwydion yn ddigon ffeind i droi un o'r stafelloedd yn weithdy argraffu a chelf yn Tŷ Bach.

Dwi wedi defnyddio darnau o froc môr o'r creigiau i wneud rhai gweithiau. Ro'n i'n hoff iawn o ddrama y du a'r gwyn a dwi wedi treulio llawer o amser yn eistedd ar y clogwyni ac ar y mynydd ac arlunio'r adar drwy ysbienddrych a thelesgop. Roedd Enlli'n lle braf iawn i wneud hyn achos roedd na sawl rhywogaeth yn galw yno ac yn nythu ar Cefn Mynydd – mulfrain, adar drycin. Mi allwn i fynd yn agos a'u hastudio drwy delesgop heb amharu ar y nyth. Roedd adar yn cyrraedd yr ynys o Ffrainc ac o Rwsia am fod 'na lawer o fudo ar foroedd y gorllewin. Mi fyddai golau'r goleudy yn eu denu nhw ond yn anffodus mi fyddai llawer yn cael eu lladd hefyd wrth iddyn nhw daro yn erbyn y golau neu waliau'r adeilad.

Mae'r ynys yn wynebu'r gorllewin ac mae'r haul yn croesi am Iwerddon ac weithiau bydd yr awyr yn ddramatig iawn. Dim ond môr ac awyr a chreigiau – mae'r siapiau a'r lliwiau syml yn gweddu i fy arddull i. Mi es i Awstralia pan oeddwn i'n byw yno ac mi ddois i'n ôl gyda mwy o liwiau ar fy mrwsh. Mi ddiflannodd y du a'r gwyn ac mi ddechreuais ddefnyddio coch, oren a glas. Mi newidiodd hynny bob dim!

Mi es hefyd i wlad Pwyl gyda grŵp o'r enw Artists for Nature Foundation. Roeddwn i wedi cynnal cwrs bach yn dysgu arlunio ar yr ynys. Gan mod i wedi dysgu fy hun yno, roeddwn i'n meddwl y byddai'n lle da i ddysgu eraill hefyd ac un o'r rhai o fynychodd y cwrs wnaeth fy argymell i'r sefydliad arlunwyr natur. Dros y blynyddoedd dwi wedi bod efo nhw yng ngwlad Pwyl ac amryw o leoedd eraill. Pwy feddyliai y gallwn i wneud cysylltiadau felly ar ynys fach sy'n ymddangos ymhell o bob man.

Ers symud i'r Tir Mawr, rydan ni mor brysur rhwng popeth, chydig iawn o gyfle rydan ni'n ei gael i fynd yn ôl i Enlli. Mae mynd yn ôl yn brofiad dipyn bach yn rhyfedd. Mi ddaeth Mam a Dad atom am wyliau pan oedd Gwydion a finnau'n byw yno ac roedd Mam yn enwedig yn anhapus yno y troeon hynny. Roedd hi'n trysori'r atgofion am fyw yno, a gweithio'n galed a magu plant roedd yn chwithig iawn

Kim yn gweithio ar lun yn ei stiwdio yn Nhŷ Bach

Ffermio ar Enlli gyda Gwydion

Kim ar dractor yn mynd tua'r Cafn

Y rafft a wnaethom yn cychwyn am Aberdaron

iddi fynd yno ar ei gwyliau. Dw innau'n teimlo'r un fath. Ar ôl glanio ar yr ynys dwi eisiau dod o'na! Mae'n rhyfedd, ond rydan ni'n lwcus ein bod ni'n byw yn agos ati o hyd ac mae'n bosib ei gweld o'r caeau yma. Mae hi yno yn y meddwl yn reit amal. Mae hi'n fyw yn ein breuddwydion ni.

Gweithiwr Stad ar Enlli
atgofion Gwydion

Gwydion

Bu Gwydion yn weithiwr stad i Ymddiriedolaeth Enlli o 1986 hyd 1996. Priododd Kim Atkinson, merch fferm yr ynys yn y 1960au ac mae'r ddau'n byw bellach yn Nhy'n Gamfa, Uwchmynydd gyda'u mab.

Trwy ddamwain y dois i i Enlli a dweud y gwir. Ro'n i'n byw yn yr hen lofft ŷd ym Mhlas Gelliwig ym Motwnnog ac wrth wneud tân yno rhyw noson a sgrympio'r papur yn barod i'w danio, dyma fi'n digwydd gweld hysbyseb 'Yn eisiau yn Ynys Enlli – gweithiwr Stad'. Mi yrrais am y manylion a chael cyfweliad gan Dafydd Thomas, Rhos-lan. Fo oedd rheolwr yr Ymddiriedolaeth ar y pryd. Y cwestiwn cyntaf ofynnodd o i mi oedd 'Fedri di drwsio to?' 'Medraf,' medda finnau. 'Reit, mwy neu lai ti 'di cael y job,' meddai Dafydd wedyn.

Mi es yno am dymor i weld sut fyddai pethau – ac mi arhosais i am ddeng mlynedd. Mi wnes i gyfarfod Kim y wraig yno ac mi gawsom gyfnod diddorol a hapus iawn ar yr ynys.

Mi ges i fy ngeni a 'magu yn Sussex a'r cysylltiad cyntaf dwi'n ei gofio efo Enlli oedd bod Mam yn sôn llawer iawn amdani. Roedd gen i set o Lego a dwi'n cofio adeiladu model o oleudy'r ynys sawl gwaith yn ystod fy mhlentyndod. Roedd gen i hyd yn oed olau bach yn y top! Wnes i rioed feddwl y byddwn i'n mynd yno i fyw ac i weithio!

Roedd Mam yn nabod un o drigolion Enlli, Tomos Gruffydd – Twm Nant – ac yn ôl ei stori hi, roedd o'n gyrru menyn iddi hi o'r ynys yn ystod yr Ail Ryfel Byd ac roedd hi'n hoff o adrodd rhyw atgofion felly. Pan oeddwn i'n Ysgol Bryn Taf yng Nghaerdydd, mi sgwennais stori fer am Wil Ifans – 'Hunangofiant Ceiniog' oedd y testun ac yn fy stori i roedd Wil wedi dal pennog a phan agorodd o hwnnw, roedd yna geiniog i mewn ynddo. Rhyw gysylltiad o bell fel yna oedd gen i efo'r ynys.

Fel gweithiwr stad roeddwn i'n gyfrifol am edrych ar ôl yr adeiladau, trwsio, edrych ar ôl yr ymwelwyr a gwneud beth bynnag oedd angen ei wneud i gadw pethau i fynd i'r Ymddiriedolwyr. Roedd yna drawstoriad eang o bobl yn dod i aros ar yr ynys ac roedd hi'n golygu gwahanol bethau i wahanol bobl. Mae hi'n bwysig iawn i Gristnogion oedd eisiau cyfle i ddianc oddi wrth y byd am ychydig; mae'n lle pwysig i artistiaid a sgrifennwyr; naturiaethwyr hefyd wrth gwrs a llawer iawn – amryw o Gymry – oedd eisiau dod i gael blas o'r hen ffordd o fyw heb draffig, heb ffôn, heb deledu a dim golau yn y tŷ.

Mae plant wrth eu bodd ar Enlli am ei fod yn lle mor wahanol i'w profiad bob dydd nhw. Mae'n lle pwysig i blant. Pan o'n i'n gweithio yno, roedd ganddon ni raglen eithaf ystwyth o bobl ifanc yn dod i wneud gwaith gwirfoddol ar yr ynys. Os oedd rhywun ffansi dŵad, yna jest neidio ar y cwch efo chydig bach o fwyd. Roedd pob dim am ddim ac mi fasan wedyn yn gwneud chydig o waith bob dydd ac yn cael gweddill yr amser yn rhydd. Mi ddaeth yna lawer o bobl ifanc drwy'r system yna oedd ganddon ni a mwynhau a gweithio. Ac roedd eu llafur nhw yn werthfawr wrth gwrs. Mae llawer ohonyn nhw yn dal i gadw cysylltiad efo'r ynys.

Yn ystod y cyfnod yr oeddwn i yno, roedd y cychod oedd

yn dod â phobl i Enlli yn cael eu cadw yn yr harbwr ym Mhwllheli. Os oedd hi'n chwythu, roedd hi'n anodd iddyn nhw ddod i'r ynys – taith rhyw awr a hanner ar dywydd braf. Mi roeddan nhw wedi'u dal yn yr harbwr efo'r llanw hefyd – dim ond ar ryw adegau roeddan nhw'n medru dod allan o Bwllheli. Dwi'n cofio un wythnos arbennig pan gafodd 'na lwyth o bobl eu dal ar yr ynys oherwydd y tywydd, ond y broblem fwyaf oedd bod y cychod, cwch Robert Roberts, y *Mary K*, a'r *Bugail Enlli* yn methu gadael harbwr Pwllheli er ei bod hi'n ddigon tawel i ganŵs groesi drosodd o'r Tir Mawr i'r ynys. Wedyn roedd ganddon ni lwyth o bobl oedd yn methu dallt pam goblyn nad y cychod hefyd yn medru croesi!

Ar ddiwedd yr wythnos arbennig yma roedd yna un ymwelydd – gweithiwr gwirfoddol oedd o a deud y gwir, Jeff Hall, dyn grymus, mawr – a dyma fo'n penderfynu bod yn rhaid i'r llu awyr ddod i'w nôl o! Wedyn mi wnaethon drefnu i'r helicoptar ddod i gario pawb i ffwrdd. Ond dyna'r unig adeg dwi'n cofio hynny'n digwydd. Roedd Jeff yn ddyn penderfynol iawn! Deifar oedd o yn ystod y rhyfel ac am flynyddoedd ar ôl hynny roedd o'n deifio i longddrylliadau er mwyn codi tŵls – gwerth miloedd ar filoedd o dŵls nad oedd ddim gwaeth er eu bod nhw mewn llong ar wely'r môr. Peiriannydd oedd o ac mi fu'n byw mewn sied arddio ym Mhlas Tan y Bwlch ar ôl hynny yn gwneud dipyn o waith tyrau dŵr ac ati ar lein fach Stiniog. Roedd rhywun yn cyfarfod llawer o bobl ddiddorol ar yr ynys – mi wnaethon ni lu o ffrindiau yn ystod yr amser hwnnw a dan ni'n dal cysylltiad efo amryw o hyd.

Dydw i ddim yn ddyn môr o gwbwl ond gan ein bod ni'n byw ar yr ynys drwy'r flwyddyn, roedd yn rhaid imi ddangos mwy o ddiddordeb yn y pethau yna. Yn 1987, mi adawodd staff y goleudy yr ynys ac mi wnaeth hynny olygu mai dim ond teulu'r fferm, Jane ac Arthur Stick, oedd yno drwy'r gaeaf ar eu pennau'u hunain. Doeddan nhw ddim yn meddwl bod hynny'n beth doeth ac mi wnaethon gynnig i Kim a finnau weithio iddyn nhw yn ystod y gaeaf. Mi ges innau ganiatâd yr Ymddiriedolaeth i addasu'r tŷ roeddan ni'n byw ynddo fo fel y basa fo'n ein galluogi ni i fyw yno drwy'r gaeaf – rhoi stafell molchi yno, ychwanegu bath! Wedyn cysylltu cynhyrchydd trydan bach inni gael golau, teledu – a blanced drydan! Mi es i â stôf Rayburn drosodd o Uwchmynydd ac felly roedd yr Ymddiriedolaeth hefyd yn elwa o gael tŷ drwy'r flwyddyn ar yr ynys.

Gan ein bod ni'n byw yno drwy'r flwyddyn dyma ni'n dechrau teimlo nad oedd hi'n iawn ein bod ni'n ddibynnol ar eraill drwy'r amser am bopeth roeddan ni ei angen ac i fynd a dŵad. Felly mi brynais i hen gwch pysgota Steve Harrison yn y Ship yn Aberdaron – y Gwladys 'B' – ac mi wnaeth Ernest Evans dipyn o waith arni ac i ffwrdd â fi yn ôl i'r ynys. Torri lawr tua chwarter milltir o Borth Meudwy a gorfod troi'n ôl! Hen betrol wedi blocio'r carboretor oedd y drwg ac wedyn mi glirion ni hwnnw. Mi fuodd hi ganddon ni drwy gydol yr amser buon ni yno ond mae cwch fel'na'n beth costus iawn i'w gadw. A dweud y gwir, mae'n rhaid i gwch weithio i dalu amdani. Doeddan ni ddim ar ein hennill yn ariannol ond mi'r oeddan ni'n rhydd i fynd a dwad. Felly mi wnes i ddysgu sut i forio ond wnes i rioed golli fy ofn o'r môr a dweud y gwir. Tydw i ddim yn gweld colli'r job yna o groesi 'nôl a mlaen.

Roedd ganddon ni deledu yn ein tŷ ni ond doedd 'na ddim teledu na thrydan yn y tai eraill. Roedd 'na griw o bobl yn dod i'r ynys i weithio yn ystod yr haf – warden yr wylfa adar, is-warden, yna myfyrwyr yn dod yno i weithio, yna gwraig o'r enw Gaynor Price i fy helpu innau. Mi fyddan yn hel at ein gilydd yn nhŷ neu sgubor naill a'r llall ac yn aml yn cael rhyw fath o barti digon anffurfiol. Mi ddaeth warden o'r enw Simon Walker i'r wylfa adar yn 1990. Plymar oedd o ond mi droth ei gefn ar y byd hwnnw, yn awyddus i wneud gwaith efo byd natur a chadwraeth. Mi dyfodd o i fod yn rhyw fath o swyddog adloniant answyddogol – roedd wrth ei fodd yn hel pobol at ei gilydd. Roedd ganddo gwrt badminton yn iard yr wylfa ac roedd 'na wyth ohonom ni'n treulio dipyn go lew o amser yn chwarae badminton. Peth arall wedyn oedd chwarae darts – roedd 'na dri neu bedwar bwrdd darts mewn gwahanol lefydd ar yr ynys ac roeddan ni'n hel at ein gilydd ac yn cynnal twrnamentiau darts. Mi fyddai 'na chwarae cardiau gyda'r nos hefyd. Roedd Gaynor Price yn dipyn o dderyn y nos – fyddai hi ddim yn codi tan tua hanner dydd. Yn eitha amal mi fyddai na gnoc ar y drws tua hannar awr wedi un ar ddeg yn y nos, neu hanner nos hyd yn oed, a Gaynor fyddai yno: '*Do you fancy being sociable? How about a game of cards?*' A dyna lle'r oeddan ni weithiau'n chwarae cardiau tan dri neu bedwar o'r gloch yn y bora.

Gosod ffram ddiogelwch ar y tractor

Sgwrsio efo cymydog!

Troi Cae Ucha, Nant

Gwydion gydag Elwyn, cychwr Enlli

Mi ddaeth Elwyn Evans, Plas Minffordd yn gychwr yr wylfa adar – fo fyddai'n cario pobl yn ôl ac ymlaen. Roedd o'n boblogaidd iawn efo pawb wrth gwrs. Roedd ganddon ni radio VHF, 'Ship to Shore' yn y tŷ a bob nos Wener mi fyddai Elwyn yn rhoi galwad i wneud trefniadau ar gyfer y Sadwrn, Mi fyddai warden yr wylfa adar yn dod i fyny i Tŷ Bach iddyn nhw ddallt ei gilydd. Anghofia i byth: roedd y radio mlaen ac ar yr amser penodol mi fyddai llais Elwyn i'w glywed 'Wan Ffôr Cristin'!

Mi fyddwn innau'n cysylltu gyda Dafydd Thomas drwy'r cwmni radio Cardigan Bay Radio yn y dyddiau hynny cyn bod yna ffôn yno. Yn y diwedd mi gaethon ni afael ar ffôn symudol – roedd o'n andros o beth, yn pwyso tua thri phwys! Ac mae'n rhaid imi gofnodi hyn – y person cyntaf i dderbyn galwad ar ffôn symudol cyntaf yr ynys oedd Doris Allcock, gwraig Barry Allcock oedd yn athro ym Mhrifysgol Bangor, fyddai'n dod â chwrs myfyrwyr yno bob blwyddyn. Mae'r dull o gysylltu efo pobl ar y Tir Mawr wedi newid llawer dros y blynyddoedd. Mi wnaeth y goleudy wahaniaeth wrth gwrs – roedd modd cysylltu drwy'r adnoddau hynny am gyfnod, ond ar ôl 1987 roedd yr ynys yn gorfod defnyddio'i hadnoddau ei hun unwaith eto. Gan ein bod ni'n gyfrifol am iechyd a diogelwch yr ymwelwyr â'r ynys, roedd yn rhaid inni alw'r hofrennydd yn y nos weithiau. Roedd ganddon ni olau roeddan ni'n ei osod er mwyn dangos i'r hofrennydd lle i lanio. Roedd 'na dipyn o bwysau arnom ni ar adegau felly.

Pan gyrhaeddis i Tŷ Bach, tŷ'r gofalwr ar yr ynys, dyma fi'n penderfynu mod i eisiau palu'r ardd a thyfu llysiau ac ati. Roedd hyn yn ystod y tymor cyntaf pan oeddwn i yno, yn eithaf cynnar yn y cyfnod. Roeddwn i wedi cyfarfod Kim – fy narpar wraig – roedd hi eisoes yn byw yno yn dysgu'i hun sut i arlunio adar. Doeddan ni ddim yn nabod ein gilydd yn dda eto. Wedi gorffen gwaith y dydd, ro'n i'n mynd allan i'r ardd ac yn dechrau palu – gwaith caled iawn ac roedd 'na hen weiran ynghlwm yn y glaswellt hir oedd yno. Erbyn dallt, roedd Kim wedi bod ar un adeg yn eistedd ar ochr y mynydd yn fy ngwylio i'n trio palu'r ardd. Fydda i'n tynnu'i choes hi rŵan ei bod hi'n fy ngwylio i wrth y gwaith a phan o'n i wedi gorffen – dyma hi'n symud i mewn a meddiannu'r ardd!

Roeddan ni'n tyfu llawer o'n bwyd ein hunain. Roedd yr Ymddiriedolaeth ei hun yn plannu tatws yn rhan o ymchwil coleg Bangor i astudio bleit – roedd 'na fyfyriwr yn dod yno i astudio'r bleit. Os nad oeddan ni'n ei dyfu o, tueddu i wneud hebddo fo oeddan ni a dan ni fwy neu lai wedi cario mlaen yn yr un ffordd ar ôl dod yma i fyw i Uwchmynydd. Ar ôl deg tymor ar yr ynys, dyma ni'n penderfynu ei bod hi'n amser i adael tra bod ganddon ni atgofion melys o'r lle. Roeddan ni wedi prynu Ty'n Gamdda yn 1990 ac roedd o wedi bod yn dŷ haf in rifyrs inni – roeddan ni'n mynd yno ar ein gwyliau am bythefnos bob blwyddyn ac felly pan adawon ni yn 1996, roedd ganddon ni le i ddod i fyw. Doedd gen i ddim syniad be oeddwn i'n mynd i'w wneud o ran gwaith. Mi ddechreuais wneud fân jobsys i ffrindiau – ffensio ac ati. Mi fues i'n lwcus wedyn cael dipyn o waith gan

Gardd Tŷ Bach

yr Ymddiriedolaeth Genedlaethol ac yna troi at wneud gwaith cerrig, codi waliau ac ati. Dyna, fwy neu lai, be dwi'n dal i'w wneud pan mae'r tywydd yn caniatáu.

Trin y tai a'r gerddi
atgofion Emyr Roberts

Emyr o flaen ei fwthyn ar ochr Mynydd Rhiw

Un o Gwmpenanner yn Uwchaled ydi Emyr Roberts yn wreiddiol ac mae bellach yn warden Bythynnod Rhiw ar ran yr Ymddiriedolaeth Genedlaethol. Bu yn Saudi Arabia am bymtheng mlynedd, yn gwneud gwaith tirlunio yn bennaf a daeth yn warden i Enlli yn 2006. Roedd gofalu am y gerddi a'r tir yn rhan o'i ddyletswyddau yno hefyd.

Roeddwn i'n byw yn Tŷ Bach, sef tŷ'r warden ar Enlli. Mi ddaeth yno un warden rai blynyddoedd yn ôl ac unwaith y derbyniodd y swydd, mi ddywedodd wrth ei wraig eu bod yn symud i Tŷ Bach. Ei hymateb hithau oedd, 'Reit, os ydw i'n gorfod byw yn Tŷ Bach, dwi ddim yn mynd yno i fyw o gwbwl.' Y diwedd fu ffeirio enw Tŷ Bach gydag enw'r tŷ oedd yn sownd wrtho, sef Tŷ Nesa. Am gyfnod mi aeth Tŷ Nesa yn Hen Dŷ Bach. Ond dyna'r olygfa orau a welaist ti yn dy fyw – sefyll o flaen Tŷ Bach ac edrych i lawr yr ynys at y goleudy.

Y prif waith oedd gen i oedd edrych ar ôl yr ymwelwyr oedd yn dod yno i aros ac roedd popeth arall yn clymu i mewn gyda hynny. Roeddwn i'n gorfod edrych ar ôl y tai drwy'r flwyddyn ac yn naturiol gan eu bod yn wag ac oherwydd y tywydd, roeddan nhw'n tampio dipyn ar ôl i ni eu cau nhw dros y gaeaf. Bob gwanwyn felly mi fyddai yna dipyn o waith cynnal a chadw, ailagor popeth, glanhau a phaentio. Yn ystod y tymor wedyn, doeddat ti ddim yn cael munud i ti dy hun pan oedd y lle'n llawn ymwelwyr.

Mi roedd 'na lygod yn y tai, wrth gwrs – llygod coed a

llygod daear oeddan nhw. Llygod cochion, nid y llygod llwydion sydd yn y tai yn y trefi. Unwaith roedd y tymor drosodd, roedd yn rhaid imi fynd o amgylch yn codi'r dodrefn i fyny – yn arbennig y gwlâu. Doedd y llygod ddim yn mynd i'r llofftydd yn amal ond weithiau mi fyddet ti'n cael llofft lawr grisiau mewn ambell dŷ. Mi roedd yn rhaid codi'r gwlâu, y soffas a'r cadeiriau, neu mi fasa'r taclau bach wedi cnoi tyllau a nythu ynddyn nhw. Mi wnes i adael un soffa fel yr oedd hi un hydref – cau y drws ac anghofio amdani. Digwydd taro heibio ymhen pythefnos a fedret ti ddim coelio'r difrod! Roedd y llygod wedi bwyta reit ar hyd godrau'r soffa. Mi ân nhw drwy dwll bach, bach o dan y drws. Erbyn y diwedd roeddan ni wedi rhoi lintar dan bob drws ac mi ddaru hynny atal y rhan fwyaf rhag cael mynediad.

Ond roedd yna lawr pren ym mharlwr pob tŷ, gyda gofod rhwng y styllod a'r ddaear. Pan godwyd y tai, mi osodwyd fents yn y waliau allanol o dan lefel y llawr er mwyn cadw'r coed yn iach. Y drwg oedd fod rhai o'r rheiny'n malu a dyna dwll defnyddiol arall i'r llygod bach. Anaml y bydden ni'n eu gweld yn yr haf – ond llwgfa oedd yn eu gyrru i mewn yn y gaeaf wrth gwrs.

Roedd 'na nifer o wirfoddolwyr yn dod atom i wneud gwaith cynnal a chadw ar y tai. Rhaid imi wylio be dwi'n ei ddweud rŵan oherwydd doedd eu gwragedd ddim yn gwybod be oeddan nhw'n ei wneud yno! Mi fyddan yn taclo pob math o waith ond yn eu plith roedd gen ti Dic Hen Efail, Llwyndyrys a Llew Rhos-fawr. Mi fydden yn dod bob Mai a diwedd Medi bob blwyddyn. Mae Llew yn saer traddodiadol ac yn grefftwr o fri, yn saer cadeiriau eisteddfodol a phob dim, ac mae Dic hefyd yn medru troi'i law at bopeth. Mi fyddwn yn falch o'u gweld o ran y gwaith roeddan nhw'n ei wneud ac o ran eu cwmnïaeth. Hyd yn oed yn y gaeaf, pe ba 'na do wedi chwythu i ffwrdd neu ryw argyfwng o'r fath, y nhw fyddai'n dod yno i drwsio yn aml iawn. Roeddan nhw wedi how ymddeol ond yn mynd drwy lawer o waith nad oedd neb arall yn medru cyffwrdd ag o, ac yn ddi-dâl ar ben hynny wrth gwrs. Ond mi roeddan nhw'n mwynhau'n hunain yn iawn hefyd – ac yn dipyn o hogia drwg a deud y gwir! Oedd, roedd 'na lot o waith edrych ar eu holau nhw. Mi ddaeth llawer o ymwelwyr i'w nabod yn dda a'u godro nhw am wybodaeth am yr ynys a'r hen bobol. Roeddan nhw'n gwybod llawer am yr ynys a'r hen fywyd – does gan y bobol sydd yno dros dro ddim llawer o gysylltiad efo'i gorffennol.

Roedd angen edrych ar ôl y gerddi hefyd – ac roedd gen i lawer o ddiddordeb yn hynny. Roeddan nhw wedi'u plannu'n reit dda o ran coed bychain a llwyni cyn i mi gyrraedd ac felly roedd rheiny'n cynnig cysgod i blanhigion eraill. Doedd yna ddim llawer o wlâu blodau – yr hyn roeddan ni'n anelu ato oedd gerddi heb ormod o waith edrych ar eu holau. Roedd yn rhaid i bob dim roeddat ti'n ei blannu wrthsefyll halen y môr, wrth gwrs. Ond unwaith roedd pethau'n gafael, roedd o'n lle arbennig o dda i dyfu a dweud y gwir.

Cynhyrchu bwyd oedd un o'r pethau pwysicaf ynglŷn â'r gerddi. Roedd rhaid cynllunio bod ganddon ni ddigon o gnwd i'n cadw dros y gaeaf oherwydd doedd dim dal pa mor hir fyddet ti'n sownd ar yr ynys yn ystod stormydd y tymor hwnnw. Yr hiraf fues i yno heb fod 'na gwch yn medru galw oedd saith wythnos. Felly roeddan ni'n anelu bob amser fod ganddon ni ddigon o fwyd am ddau fis ar y tro dros y gaeaf. Dim ond pump ohonan ni oedd ar Enlli drwy'r flwyddyn – y fi, y ffarmwr a'i wraig a'u dau blentyn.

Doeddan ni ddim yn tyfu'r un cnydau – doeddwn i ddim yn medru tyfu nionod yn Tŷ Bach oherwydd bod 'na ffwng gwyn yno. Mi fyddai shalots yn cnydio'n iawn ac mi fyddwn yn piclo'r rheiny. Ond mi fydden ni'n gofalu am ein gilydd ac yn ffeirio – roedd 'na beryg i dy fwyd di fynd yn undonog. Roeddwn i'n tyfu llawer mwy o fwyd na'r hyn oeddwn i ei angen – dim ond am fod gen i ddiddordeb yn y maes. Pan fyddai 'na ymwelwyr ar hyd y lle, mi fyddwn yn rhoi dipyn iddyn nhwthau hefyd.

Y pethau amlwg, arferol roeddan ni'n eu tyfu – tatws, cabaij, moron, pys a ffa. Roedd y cyfan yn organig, wrth gwrs, a phopeth yn tyfu'n dda. Yn draddodiadol roedd hen bobol Enlli yn plannu tatws ar Ddydd Calan – ac mi wnes innau hynny un flwyddyn, dim ond i weld os oedd y peth yn bosib. Mi ddaethon yn iawn ond fel arfer, plannu ar Ddydd Gŵyl Dewi roeddwn i'n anelu ato. Roedd o'n lle iach i dyfu llysiau – roedd 'na ddigon o halen ar yr awel i gadw'r pry gwyrdd draw. Ond roedd y 'Cabej White' yn felltith – mi fyddai rheiny'n medru clirio dy gnwd di nes nad oedd 'na fawr ddim byd ar ôl. Mi ddysgais bod cabatjen goch a chabatjen Savoy yn gwneud yn well – dwi'n meddwl eu bod yn rhy galed neu'n rhy chwerw i'r gwyfyn.

Mae Enlli'n enwog am ei hafalau, wrth gwrs. Dim ond un

goeden wreiddiol o'r rhywogaeth hwnnw sydd ar gael, ac mae'n dal i dyfu ar dalcen Plas. Chydig iawn o waith trin sydd arni – dim, a dweud y gwir. Mae'i gwiail hi'n tyfu rhyw droedfedd bob blwyddyn ond mae'r gwynt a'r heli môr yn eu tocio'n naturiol – mi laddith i lawr i rhyw fodfedd o dyfiant, yn union fel tasat ti wedi'i thrin hi efo torrwr cloddiau. Gan ei bod hi'n hen deip o goeden, mae'n cnydio'n anwastad – mi gei di grop trwm un flwyddyn, fawr ddim y flwyddyn ganlynol ac yna cnwd trwm unwaith eto. Y peth gwaethaf amdani ydi ei gweld yn wyn o flodau yn y gwanwyn ac yna un storm yn chwalu'r cyfan nes bod y ddaear fel eira. Mae hynny'n golygu colli llawer o ffrwythau'r tymor hwnnw, wrth gwrs. Mae o'n afal blasus iawn i'w fwyta, ond tydi o ddim yn cadw'n dda, meddan nhw. Welais i rioed fod angen iddo gadw – roeddan nhw'n diflannu oddi ar y brigau fel roeddan nhw'n dod yn barod!

Mae gan Ymddiriedolaeth Enlli ddeg o dai ar yr ynys ac mae gan yr wylfa adar ddau dŷ maen nhw'n eu gosod fel dormotris. Mae'r math o bobl sy'n dod i'r ddau fath o dŷ yn wahanol iawn. Diddordeb mewn adar a bywyd gwyllt a dyna fo sydd gan ymwelwyr yr wylfa adar. Mae yna fwy o amrywiaeth yn dod i dai'r Ymddiriedolaeth. Mae gan rai ddiddordeb yn hanes a threftadaeth yr ynys, rhai yn fwy ar yr ochr ysbrydol, a rhai yn dod wedyn yn deuluoedd a chyfeillion er mwyn cael cwmni'i gilydd. Mi ddaw yna rai wedyn i gael llonydd perffaith. Mi ddaw rhai yno am eu bod eisiau dangos i'w plant mai 'fel hyn roedd taid a nain yn byw.' Mae 'na flas o hen fyd yno a does 'na fawr ddim wedi newid ers cant a hanner o flynyddoedd.

Mi gei di deuluoedd yn dod yno sawl blwyddyn yn olynol, ac mi fydd eu plant nhw'n dod wedi hynny. Dydi rhai ohonyn nhw ddim wedi bod allan yn y wlad o'r blaen, heb sôn am flasu bywyd ar ynys – teuluoedd o'r trefi mawrion, Llundain aballu. Dwi'n cofio rhai yn dod yno am y tro cyntaf a'u plant yn fân iawn – y mab tua chwech a'r ferch yn bedair. Ro'n i wedi'u cyfarfod wrth y cwch ac yn cerdded i fyny'r llwybr at y tŷ, Tŷ Nesa. Mi redodd y plant o'n blaenau a mynd i mewn i'r tŷ i fusnesu. Toc, dyma'r ferch yn ôl allan fel tae'r byd ar ben: *'I don't like this house. There's no TV here!'*

Doedd hi ddim wedi bod yno un deg munud ond dyna'r peth cyntaf roedd hi yn ei golli. Ond erbyn diwedd yr wythnos, roedd hi'n crio ddim eisiau mynd adref. Roeddet ti'n gweld peth felly'n amal. Mi 'laset feddwl nad oedd y lle'n addas i blant, ond na – mae Enlli'n lle ffantastig i blant, ac yn hollol ddiogel.

Torchi llewys a thynnu coes

atgofion Dic a Llew

Dic Hen Felin a Llew Wyn

Dau wirfoddolwr fu'n treulio wythnosau bob Mai a Medi yn gwneud gwaith cynnal a chadw ar dai Enlli o 1996 hyd 2012 yw Dic (Richard Williams, Hen Felin, Llwyndyrys) a Llew (Llew Wyn Jones, Rhos-fawr). Bu Dic hefyd yn gadeirydd Ymddiriedolaeth Enlli o 2006 hyd 2012.

Dic: Mi roedd Llew a finnau'n mynd drosodd i Enlli ers pan oeddan ni'n blant.

Llew: Yn 1948 yr es i drosodd gyntaf efo John Ty'n Lôn.

Dic: Y troeon cyntaf i mi fynd drosodd oedd fel criw o blant ysgol o Bwllheli rhwng 1958 a 1960. Roeddan ni'n aros yn Cristin y tro hwnnw. Arthur Vaughan Jones oedd ein athro bywydeg yn yr ysgol ramadeg a'r bwriad oedd inni fynd i'r ynys i sbïo ar yr adar ond gethon ni lot fawr o hwyl, yn do Llew?

Llew: Do tad!

Dic: Roedd Arthur Vaughan yn ein hel ni at ein gilydd gyda'r nos i bawb adrodd be oeddan ni wedi'i weld. Doeddan ni ddim yn deud y gwir bob amser wrtho fo wrth gwrs – un yn trio deud ei fod o wedi gweld mwy o adar na'r lleill ac ati. Roedd 'na gyfnod pan oedd yn rhaid inni gario pob dim i lawr o Cwrt i'r gwch – ac nid o Aberdaron roedd hi'n mynd bob tro, ond o Borth Meudwy. Doedd na ddim tractor na

Tŷ Newydd Aberdaron yn yr hen ddyddiau

dim i fynd â'r gêr i lawr – gorfod eu cario nhw roeddan ni. Mi benderfynodd Llew pan oeddan ni ar Enlli y basan ni'n chwarae tric ar Arthur Vaughan. Cês oedd ganddo fo i gario'i ddillad drosodd ac mi ro'th o andros o garreg fflat wedi'i lapio mewn papur newydd a'i rhoi hi yng ngwaelod y cês.

Llew: Cyn mynd adra oedd hynny. Roedd y garreg yn ffitio'r cês yn llawn a chath o ddim tjans i handlo'r cês – roeddan ni hogia yn ei gario fo ar dractor Enlli ac i'r gwch. Wedyn chath o ddim teimlo'i bwysau o nes aeth o i'r ochor arall. Wrth inni gerdded i fyny o Borth Meudwy i Cwrt, rhyw bump cam roedd o'n ei roi ac roedd o'n newid llaw. Dwi'n cofio'n iawn – roedd o'n athro Ysgol Sul i ni yng nghapel y Ffôr ac mi roddodd bishyn o bapur i bawb a gofyn pwy oedd wedi rhoi'r garreg yn ei gês!

Dic: Bryd hynny, aros yn yr wylfa adar ar Enlli oeddan ni. Roedd yr hogia'n cael eu rhoi yn un ochor o'r tŷ a'r genod yr ochor arall. Wedyn roedd pawb yn gwneud ei fwyd ei hun yn y gegin yn y gwaelod. Mi fyddai Llew wedi bod yn mynd yno o 'mlaen i yn byddat?

Llew: Ia, tua 1955-56 ddechreuais i fynd yno.

Dic: Roedd Mam a Nain a 'Nhad yn cadw Tŷ Newydd Aberdaron yn y 1930au ac mi fuo'n rhaid iddyn nhw fynd oddi yno pan ddaeth hi'n Ail Ryfel Byd gan symud i Brysgol. Cimychiaid o Enlli fyddan nhw'n eu cael bob amser ac roedd gan Nain hysbyseb fawr: 'Cimychiaid Ynys Enlli' ar gyfer cinio, te neu swper.

Llew: Y cysylltiad sydd gen i oedd bod Mam wedi'i magu yno am bedair blynedd ar ddeg. Mi ddaeth hi o'no i weini at Gruffudd Roberts, Tyddyn 'Ronnen, Rhos-fawr – gorfod mynd, gan fod 'na bedwar o blant eraill yno. Mi gafodd ei

Berwyn Jones a Llew yn ail-doi beudai Plas Bach

magu yn Carreg Fawr, Enlli – roedd hi'n mynd yno yn bythefnos oed yn 1910. Roedd chwaer ei thad wedi cael plentyn yr un adeg ac mi roedd honno'n magu'r ddau yn Aberdaron am bythefnos tra bu fy nain yn gwneud y tŷ yn barod yn Enlli. Mary Elizabeth Williams oedd ei henw hi cyn priodi.

Dic: Yn 1996 yr aethon ni yno i roi help llaw efo'r tai. Mi na'th Dafydd Thomas gysylltu efo ni a gofyn fasan ni'n fodlon mynd drosodd i wneud rhywfaint o waith ar yr ynys. Mi benderfynon ni ill dau y basa'n gyfle da inni'n dau fynd draw am ryw wyliau bach, fel roeddan ni'n ei feddwl. Mi eson ni ag Eifion Hughes o Bwllheli efo ni. Mi fuon ni'n ail-doi rhywfaint ar Tŷ Nesa a gwneud drysau ar y beudai – mi gadwodd hynny ni i fynd drwy'r wythnos. Mi gawson ni andros o hwyl! Roedd Eifion yn un o'r rheini sydd ag ofn bwgan. Roedd o'n coelio ynddyn nhw. Un noson, mi gawsom wahoddiad i fynd at Dafydd Thomas. Roedd hi wedi tywyllu erbyn hynny a phan gnocion ni ar y drws, ddaru neb ateb. Mi aeth Llew ac Eifion a ngadael i yno yn y tywyllwch o flaen y tŷ. Wrth gwrs, does 'na ddim golau stryd ar Enlli! A dyma fi'n meddwl --reit, mi dala' i'n ôl i'r ddau.

Llew: Roedd Eifion a fi wedi dod yn ôl i'r tŷ rŵan ac roedd 'na hen lamp gas yno. Dyma'i goleuo hi efo matsian. Ro'n i wedi'i goleuo hi yn y rŵm ffrynt ac mi es i'r gegin i oleuo un arall inni gael gweld er mwyn gneud rhywbeth i fwyta. A duwcs, pan aethon ni'n ôl i'r parlwr i nôl rwbath arall, roedd y lamp wedi diffodd. Nes i'i goleuo hi wedyn ac mi ddigwyddodd 'run peth wedyn. Pan ddaethon ni'n ôl, roedd hi wedi diffodd. Doeddan ni'n methu dallt. Mi wawriodd arna i mai Dic oedd o gwmpas ond roedd Eifion yn meddwl bod 'na fwgan yno go iawn! Roedd o'n grediniol mewn petha fel'na. Dwi'n ei gofio fo'n adrodd ei hanes ym Mynydd Nefyn ryw dro ac yn gweld rhyw hen wraig yn blaen o flaen tŷ yn fan'no – ac roedd hi wedi marw ers ugain mlynedd.

Dic: Roedd 'na dipyn o dynnu coes yn digwydd yno. Dwi'n cofio Patrick yno yn un o'r wardeiniaid i'r Ymddiriedolaeth ac roeddan ni newydd osod tanc i gasglu dŵr yfed. Roeddan ni wedi'i wneud o yn iard Plas Bach ac wedi rhoi concrid odano fo. Roedd John Llyfnwy a Iwan Foel yno bryd hynny. Mi fuon ni wrthi'n galed yn ei gael o i'w le yn do Llew – roedd o'n hen danc trwm. Wedyn mi es i fyny at y giât i agor y tap i lenwi'r tanc. Tra bues i yno, roedd 'na rywun wedi bod wrthi. Pan ddois i lawr yn ôl at y tanc, roedd 'na ddŵr rownd ei ymylon o i gyd a dyma finna'n meddwl, 'O, yr holl waith yn gosod hwn, ac mae'r diawl yn gollwng.' Mi es rownd a rownd y tanc, agor ei geuad o a chael golwg iawn. A'r lleill yn fan'na, yn deud dim byd. Mi es i mewn iddo fo i edrych welswn i grac ynddo fo. Dim byd. A be oedd wedi digwydd oedd bod Patrick wedi cael gafael ar hen gan dŵr,

Te parti pen-blwydd sypreis i Llew ar Enlli

wedi'i lenwi, ac wedi gwagio chydig bach gydag ymylon y tanc. Mi'i llyncais i hi. Mi fues i am tua thri chwarter awr yn methu'n glir â chael o hyd i lle'r oedd y tanc yn gollwng.

Llew: Roedd o wedi'i llyncu hi go iawn!

Dic: Tra oeddan ni yn Nant un tro, roedd 'na ryw Sais go ryfedd yn Hen Dŷ – y tŷ sy'n sownd ynddo fo. Fel gyrhaeddon ni, roedd o'n benderfynol ei fod eisio rhannu'r tŷ efo ni. Roedd 'na dri ohonon ni yn Gymry Cymraeg a doeddan ni ddim eisiau gorfod siarad Saesneg gyda'r nos ac mi wnaethon ni ei hel at y ddau arall drws nesa. Fel roedd o'n cario'i stwff i mewn i'r tŷ, roedd Llew yn eu cario nhw allan drwy'r drws cefn a mynd â nhw rownd i Hen Dŷ. Yn y diwedd, mi aru o dderbyn nad oedd o'n aros efo ni. Ond

Y ddau wrthi yn y gegin yn Nant

mewn diwrnod neu ddau dyma Llew yn deud wrtho i: 'Wyt ti'n sylwi bod 'yn becn a'n te ni'n mynd i lawr?' Dyma fynd i ofyn i'r Sais drws nesa oedd o'n gwybod rhywbeth am y peth a'r ateb gawson ni oedd, 'You had such a lot of food and I thought that you wouldn't mind if I had some of it.' Pan ddeudis i hyn wrth Llew, peth cynta ddeudodd o oedd, 'Gna gythgiam o gyri poeth iddo fo. Os ydi o'n lecio'n bwyd ni gymaint â hynny rown ni wahoddiad iddo fo ddod aton ni am ginio.' 'Reit 'ta,' medde fi. 'A cofia,' medda Llew, 'Ro'n ni brŵns a chwstard iddo fo i bwdin.' A felly bu. Ac ar ôl iddo fod aton ni am fwyd drannoeth, welson ni mohono fo am ddau ddiwrnod ar ôl hynny Ond doedd hynny ddim yn ddigon gan Llew! 'Gwrandwch,' medda fo wrth bawb yn y tŷ, 'gan ei fod o wedi bod mor ddigywilydd, mi rannwn ni bob dim. Neb i ddefnyddio'r tŷ bach sy' gennon ni.' Tŷ bach a phwcad yn yr ardd oedd 'na yr amser hynny ac ar ôl hynny, roedd pawb ohonon ni'n defnyddio'r un yn Hen Dŷ ac mi ddaeth y cr'adur aton ni ddiwedd yr wythnos i ddeud ei fod o'n methu dallt pam fod ei fwced o'n llenwi ac un pawb arall yn dal yn wag!

Llew: Mae 'na lun ohono fo'n cario'r bwcad i'w wagio i lawr

i gefn tŷ bach Tŷ Nesa – ac mae o ar un ochor i gyd oherwydd y pwysau! Roedd o'r tebyca welsoch chi erioed i de Gaulle – trwyn mawr, hir. Dwi'n ei gofio'n dod aton ni i Tŷ Nesa pan oedd 'na griw ohonan ni wedi cael gwadd at Mair Tomos Ifans ac Alun. Mi ddaeth hwn yno ar draws y parti i gyd ac roedd o'n disgwyl i bawb siarad Saesneg – ond roeddan ni'n parablu'n Gymraeg wrth gwrs. Doedd 'na ddim llawer o hwyliau arno fo! Mi benderfynodd ei fod eisiau dysgu rhywbeth yn Gymraeg a be ddudis i wrtho fo oedd, 'Mae'r nos yn hir!' Mi chwerthodd Mair Tomos Ifans ynde!

Pan oeddan ni yn y tŷ adra dro arall mi roedd Guto Cabli, ei dad a Brenda ei chwaer yn byw yn Nant yn nhop yr ynys. Roedd Brenda ar ei gwyliau a Guto ei hun ac mi ro'th wadd imi fynd yno gyda'r nos am sgwrs. Mi es a be oedd o'n ei wneud oedd gwneud cacan. Roedd o wedi'i chymysgu hi – rhyw sort o fara brith oedd hi – ac wedi'i rhoi hi'n popty. 'Gymri di panad?' medda fo. Mi aeth drwodd a dod yn ôl efo torth – pan sbïais i ar y dorth, roedd 'na dwll llygodan reit drwyddi! Mewn sbel dyma fo i'r popty i nôl y gacan ac roedd honno wedi prifio drwy'r gratin uwch ei phen hi nes ei bod hi wedi cau amdani. Isio chwerthin, 'de!

Ryff a redi oeddan nhw. Mi aeth 'na hen fuwch ganddo fo dros yr allt ond ddim wedi mynd i'r môr, jest ar y graig yn y gwaelod, ac mi wnaeth ei dad ei yrru o yno i dorri darnau o'i chluniau hi i'w fwyta. Doedd hi ddim wedi'i gwaedu na dim byd.

Dic: Fyddan ni'n lecio codi ben bora a dal ati tan tua chwech gyda'r nos, ond doedd y Sais yn fawr o godwr.

Benderfynodd rhai ohonon ni un bore, wrth weld y giât o flaen ei dŷ o yn agored, ein bod ni'n agor y drws a hel y defaid i mewn. Mi wyddan fod o'n cysgu lawr grisia. Y peth nesa welodd o rhwng cwsg ac effro oedd criw o ddefaid yn mynd i mewn i'r tŷ. Mi gododd yn ddigon sydyn ar ôl hynny.

Llew: Euthon ni drosodd efo Ernest ac roeddan ni'n gweithio yn y goleudy. 'Dos i mewn o'r golwg,' meddai Ernest wrtho i. 'Mae am fod yn hegar allan yna.' Ro'n i'n pen blaen a Dic a Berwyn yn y tu ôl yn sefyll, heb ddallt be oedd ar fin digwydd. Roedd hi'n iawn am chydig nes aeth o at Trwyn Pen, a dyma hi'n dechrau mynd yn hegar. Mewn sbel dyma na foryn dros ben blaen y cwch – fel 'sach chi'n ei dywallt o o fwcad am ben y ddau yn y cefn. Roedd gan Berwyn rhyw drowsus gwyn. Roedd o'n sî-thrŵ – a thrôns melyn i'w weld drwyddo fo! A dyma fo'n dechrau mynd yn sâl rŵan.

Dic: Tydi o ddim o'r un gora ar y môr, yn nachdi.

Llew: Ro'n i'n gweld y dannedd yn mynd i'r boced. Fuodd o'n wael ac yn crynu fel deilen pan gyrhaeddon ni'r lan yn Enlli. Mi eson â fo i'r goleudy. Roedd hi'n gynnes braf. Mae 'na wres a hîtars yno. Mi gath fynd i'w wely a rhoi'i ddillad ar yr hîtars, fath â gril. Ymhen rhyw awr, dyma ni'n clywad ogla deifio – roedd y trowsus fel sebra! Leins duon ac wedi breuo – un trowsus yn llai i'w gario o'no.

Roedd Dic rhyw dro arall yn ffrio nionod yn y goleudy. Ymhen ro'm bach, dyma'r larwm tân yn seinio a wyddan ni ddim sut i'w ddiffodd. Toc, galwad ffôn o

Ailblastro talcen un o'r tai a gorffen y gwaith ar dŷ bach Plas

Harwich – methu dallt be oedd yn bod. Roedd y rheiny'n gwybod bod yn larwm wedi mynd o fan'no. Roeddan nhw wedi ffonio Ernest wedyn ac mi ddaeth hwnnw i weld be oedd yn bod. A be oedd 'no ond Dic yn ffrio nionod!

Dic: Geson ni nifer o weithwyr eraill yn dod yno – Llyfnwy ac Iwan Foel a rhyw hogyn ifanc ac un Sais oedd yn peintio ffenestri oedd ddim yn bwyta cig. Roedd yr hogia'n tynnu arno fo dipyn oherwydd hynny – ac ym Mhlas Bach (sy'n anfarth o dŷ) roeddan nhw'n aros. Roedd 'na ryw hen fynach wedi bod yn byw yno ac roeddan ni wedi sôn wrthyn nhw fod ei ysbryd o dal yn y lle. Roedd yr hen foi wedi cael digon a phan aeth y lleill i'w gwlâu, mi ddechreuodd lusgo dodrefn ar draws y llawr. Does 'na ddim mat na dim byd ar y pren felly roedd 'na dwrw rhygnu ac mae'n debyg bod y rhai yn eu gwlâu yn reit boenus. Mi glywson yr hanes y bore wedyn ac mae'n debyg bod y bychan wedi coelio mai ysbryd y mynach oedd wedi ymweld â nhw. Mi ddigwyddodd yr un peth y noson ganlynol ac roedd y bychan erbyn hyn yn coelio o ddifri. Be nath o ond neidio i mewn i'r gwely efo Iwan Foel yng nghanol y nos!

Llew: Dwi'n cofio Arthur Vaughan yn dod drosodd efo ni'r tro cynta, efo William Ifas wrth gwrs, ac roedd y gwch yn gwch dau flaen. Be wnaeth o ond ista yn nhu ôl y cwch fel roedd o'n feddwl, ond pan aeth o allan i'r bae mi droth William y cwch rownd. Roedd o'n cael y môr i gyd ar hyd ei gefn ac roedd dŵr yn rhedag dan ei ben-ôl o ar hyd y sêt. Roedd o'n socian pan gyrhaeddodd o'r lan, a ninnau'n chwerthin, yn hen blant.

Dwi'n cofio mynd allan efo William Evans, tad Ernest – mynd rownd cewyll. A rhwyfo'r oedd o'r adeg hynny, rhwyfo tri chwarter ffordd rownd yr ynys. Sgwlio ran amla, tu ôl i'r cwch – felly fydda fo'n mynd. Mi fydda'n codi hanner awr wedi pedwar yn y bora ac mi fyddai wedi gorffen ei waith erbyn amser brecwast pan oedd pawb arall yn codi. Roedd ganddo drwy'r dydd i weithio ar y tir wedyn. Bob tro roedd o'n cael cawell efo cimwch ynddo fo roedd o'n rhoi joe o faco yn ei geg. Os bydda cawall yn wag, roi o ddim un. Fydda fo byth yn rhoi baco os byddai hi'n dal yn sâl, dim ond os bydda fo'n cael cimwch!

Dic: A dal cwningod hefyd yn bydda?

Llew: Roedd y lle'n symud efo cwningod ers talwm. Dwi'n cofio mynd efo Ernest i saethu cwningod yn nos – y fi'n dal y dortsh ac Ernest yn rhoi'r reiffl ar fy ysgwydd i a saethu! Be oedd o'n ei wneud oedd eu defnyddio nhw mewn cewyll pan fyddai abwyd yn brin.

Ceisio adfer y digar

Dic: Geson ni ymgymerwyr eraill yn dod drosodd hefyd. Roeddan nhw'n arbenigo – meddan nhw – mewn gwaith cerrig ac yn y blaen. Ond rhaid i mi ddeud, doeddan nhw ddim yn arbenigo ar ddreifio digar, mae hynny'n saff ichi. Gruff Gwynnus oedd y giaffar a Bôn Braich oedd enw'r cwmni. Un diwrnod mi ethon efo'r digar i fyny'r traeth ac mi ddaeth y trac i ffwrdd. Wedi heirio'r digar bach oedd o gan y Brodyr Evans, Gwanas. Roedd o'n ddigar newydd sbon a diawch-i, dyma'r trac i ffwrdd, ond doedd na ddim digon o fôn braich yna i godi'r digar yn ôl ar ei draed. A'r llanw ddaeth i mewn a dros y digar bach ac mi roedd golwg y cythral arno fo bora wedyn! Mi fuo raid ffonio i ddeud wrth y Brodyr Evans be oedd wedi digwydd. Doedd o ddim wedi deud wrthyn nhw cynt bod y digar wedi dod drosodd i Enlli – wedyn mi fuo Bôn Braich yn brysur iawn ar ôl hynny!

Llew: Rhaid inni gael stori Iwan Foel gen ti hefyd.

Iwan Foel wedi clywed y newydd am dywydd garw

Dic: Ia, ti'n cofio roedd ganddon ni danc mawr ar olwynion yn dal dŵr ar Enlli doedd, roedd o'n dal tri chan galwyn. Roedd Iwan Foel wedi dod drosodd efo'i dad – dim ond y nhw ill dau oedd wedi dwad. Doedd Iwan ddim wedi priodi bryd hynny ac mi oedd Cathy ar y Tir Mawr a diawch-i roedd o wedi bod yn deud nad oedd o isio aros yn hir a'i fod o'n edrych ymlaen at gael mynd yn ôl ati yn reit fuan. Ond doedd y tywydd ddim yn help o gwbwl a phan oedd o'n

Gwilym Plas wrth carreg fedd un o'i deulu ar Enlli

Dic a Llew yn pwyntio'r meini ar y capel

meddwl cael mynd adra, mi geson ni alwad gan Colin yn deud na fedrai o ddwad drosodd, bod hi'n gaddo tywydd drwg. A phan ddeudwyd hynny, welson ni Iwan Foel yn gorfadd ar draws y tanc dŵr yn ei ddagrau. Roedd o am nofio drosodd, roedd o am neud bob dim er mwyn mynd at Cathy. Ond aros fuo raid iddo fo am ddiwrnod arall!

Llew: Dwi'n cofio criw o Gymry yno hefyd, roedd Gwilym Plas yn un ohonyn nhw, Nan Jones a Brei Glan-rhyd. Ro'n i wrth fy modd yn mynd i'r capal i ganu rhyw emyn neu ddwy ryw ben bob dydd. Roedd 'na sŵn da yno, acwstigs arbennig. Ta waeth, roedd Gwilym Plas yno ac mi eson yno i ganu deuawd efo'n gilydd ac ymhen sbel mi ddaeth 'na griw o bobol yno, petha oedd yn aros yno – tua deg ar hugain i gyd – a duwcs mi wnaeth Gwilym gymanfa mewn dim! Roedd o

Y gwaith llenwi'r cewyll cerrig yn y Cafn

wedi joio'i hun ynde, wedi mynd i arwain i'r pulpud mewn eiliad.

Dic: Gerddodd Berwyn a fi i mewn drwy'r drws pan oeddat ti a Gwilym wedi dechrau arni a dyma'r rhein i mewn tu ôl i ni. Y peth nesa welson ni oedd Gwilym yn codi'i lewys fel hyn a chodi ar flaenau'i draed: 'Let's all sing!' medda fo!

Llew: Mi fydda Guto Cabli'n cadw rhaffau yn y fynwent. Mi roedd wedi bachu rhaffau rhywun arall a be oedd o'n ei neud oedd symud caead un o'r cistiau claddu yn y fynwent, rhoi'r rhaffau i mewn a thynnu'r llechan yn ei hôl. Doedd neb yn meddwl sbïo'n fan'no nagoedd?

Dwi'n cofio mynd rownd Cefn Mynydd yn nos hefyd. Rej Arthur oedd y dyn oedd yn warden yn y lle adar bryd hynny. Mynd i ddal adar drycin Manaw oeddan ni – mi ddaliais i ddau gant a hannar iddo fo un noson iddo fo gael eu modrwyo nhw. Hel tocyn mewn sach fyddwn i. Roedd o'n gythril o le peryg hefyd. Roedd 'na ochor yna. Un slip ac mi fasa wedi bod yn ddigon.

Adfer cloch y capel

Dic: Yn Nant fyddan ni'n aros bob tro bron ac un tro roeddan ni wedi cael gwahoddiad un gyda'r nos i fynd i fyny at y capal. Roedd 'na griw o Ben Llŷn yno ac wrth gerddad i fyny'r dôn efo golau, be welson ni ond llygodan bach. Dyma Llew'n rhuthro'r llygodan a'i dal hi. 'Ynda,' medda fo a'i rhoi hi i mi. 'Mi gawn ni hwyl rŵan.' 'Be dwi fod i wneud efo hon?' medda fi. 'Gawn ni weld rŵan.' Dyma ni i fyny at Tŷ Capal. Roeddan nhw i gyd yn eistedd yn y lolfa a'r ffenestri wedi stemio ac ro'n i'n eu clywed nhw'n gweiddi ac yn chwerthin y tu mewn. Ffenast sash oedd hi ac mi drion ni'n gora i'w hagor hi ond roedd 'na ormod o baent yn ei dal hi. 'Tria ffenest gegin,' medda fo wrtha i. Mi gododd honno'n weddol. Mi rois fy llaw i mewn gan feddwl gollwng y llygodan. Be 'nath o oedd gollwng y ffenast i lawr ar fy llaw i nes mod i'n sownd. Gneud twrw a rhedeg i ffwrdd. Ro'n i'n fan'no'n methu'n glir â chael fy llaw allan ond fel roeddan nhw'n dod drwodd mi lwyddais i'w chodi rhyw fymryn ac allan â fi a chuddiad. Roedd Llew'n cuddiad wrth dalcen y tŷ. 'Dwi ddim yn mynd i'w golwg nhw am dipyn cofia,' medda fi. 'Neu ni fydd yn cael bai am wneud

Llew yn mwynhau cwmni Mair Fron Olau, Aberdaron a Berwyn Llanbedrog

twrw i drio'u dychryn nhw y tu allan.' Dyna fo, iawn. Mi fuon ni'n stwna o gwmpas am dipyn bach. Dyna drio wedyn. A dyna feddwl trio'r drws tro'ma. Ond fel ro'n i'n droi'r dwrn i lawr a thrio rhoi'r llygodan i mewn, roedd 'na rywun ochor i mewn yn trio gwthio yr un pryd. Dyma fi'n llwyddo i gael cil y drws, gollwng y llygoden a chau'r drws reit sydyn. Y peth nesa glywson ni – ro'n i'n meddwl bod y lle wedi mynd ohoni'n racs – roedd 'na weiddi, roedd 'na sgrechian. Ethon ni o'no wedyn.

Ymhen rhyw awr mi benderfynodd mei nabs fasa'n well inni fynd i edrych sut oeddan nhw erbyn hyn. Wel! Roedd 'na rei wedi bod yn sâl, rhei wedi bod yn sefyll ar ben bwrdd – a dwi ddim yn gwybod lle'r oedd y llygodan bach wedi mynd. Doedd 'na ddim golwg ohoni hi!

Llew: Mi fuo 'na le yno am dipyn wedyn. Ninnau'n gwadu pob dim wrth gwrs.

Dic: Geson ni wahoddiad i swpar at ddwy o ferchaid ryw noson. Saeson oeddan nhw – yn Llofft Plas oeddan nhw. Roedd un ohonyn nhw dipyn bach yn ffroenuchel ac wrth 'yn clywed ni'n siarad Cymraeg efo'n gilydd bob hyn a hyn, dyma hi'n gofyn inni:

'You speak Welsh?'

Wel ydan, meddan ni.

'Can you tell me,' medda hi, 'what is that little bird over there?'

Dyna Llew yn ei Gymraeg a'i Susnag gora efo'i gilydd yn deud mai Siani lwyd oedd yr enw yn Gymraeg a thrio cyfleu hynny yn yr iaith fain wedyn: 'Well, I think it's a Grey Fanny.'

Llew: Roeddan ni'n tynnu ar Colin pan oedd o'n canlyn efo Estar radeg hynny. Rhoi rhyw ddol yn ei wely o aballu. Ac ro'n i wedi rhoi drws newydd ar gwt y jini iddo fo – y jeneretor, ynde. A dyma sgwennu ar y drws ar ôl gorffen:

Dyma anrheg iti Colin
I gadw Jini rhag y ddrycin,
Plesar nawr fydd tanio'r Listar –
Jyst run fath mae tanio Estar!

Hen gychwyr Enlli, 1886

Cario gwymon o Borth Solfach, 1886.

Cychwr Enlli
atgofion Colin Evans

Colin, cychwr Enlli a physgotwr cimychiaid

Colin Evans yw'r unig un sy'n rhedeg cwch i gludo ymwelwyr yn ôl ac ymlaen i Enlli bellach. Mae hefyd yn bysgotwr cimychiaid, fel ei dad a'i daid o'i flaen.

Dwi'n parhau i wneud cymaint ag y medraf ar yr ynys, er fy mod i a'r teulu yn byw yn Uwchmynydd. Erstalwm ro'n i'n treulio llawer iawn o amser yno efo Nain a Mam a 'Nhad. Nellie Tŷ Pella oedd Nain a Wil Tŷ Pella oedd fy nhaid – ac erbyn rŵan mae yna Wil Bach sy'n ddeng mis oed.

Mi gollwyd fy nhaid yn 1978 pan o'n i'n ddwy neu dair oed a does gen i fawr o gof amdano. Ond mi fu Nain yn byw yn yr hen ysgol ar Enlli hyd 1993 ac mi dreuliais i ran

Wil Evans (Taid Colin) ac Ernest (ei dad) a Gethin y tarw a ddaeth i'r ynys yn llo bach o Bodwrdda. Tua 1956.

Ernest Evans Tŷ Pellaf a Robin Moore Cristin, tua 1950

Jane a Nellie Evans, Tŷ Pellaf

helaeth o 'mhlentyndod yno hefo Nain ac yn Dyno Goch efo Mam a 'Nhad.

Mi gafodd Nain a Taid yr hen ysgol gan Michael Pearson oedd wedi prynu'r ynys yn 1972 ar ôl iddynt nhw roi'r gorau i'r fferm y flwyddyn honno. Mi fuont yn ffermio yno o 1932 hyd hynny ac mi gawsant y tŷ gan Pearson i fyw ynddo am weddill eu dyddiau. Ar wahân i'r gaeaf, yno y bu Nain – yno'r oedd ei bryd hi ac mi gawson ni lot o sbort yno wrth imi dyfu i fyny. Dwi'n edrych yn ôl arnyn nhw fel dyddiau hirfelyn tesog a dwi'n meddwl bod Nain wedi cael rhyw ailblentyndod yn ein cwmni ninnau. Taech chi'n holi unrhyw un oedd yn ymweld ag Enlli yn y cyfnod hwnnw mi fasan yn deud wrthoch chi fod Nain yn rhan hanfodol o gymeriad yr ynys. Mae'r hen ysgol ar y lôn a roedd pawb yn galw heibio yn eu

Nellie Evans, Nain Colin, wrth gynffon buwch yn y Cafn.
Y Vixen, *cwch Twm Nant ar y chwith.*

Bron â llwyddo i berswadio'r fuwch i fyrddio'r Lleuddad.
Wil Evans, Taid Colin, sy'n sefyll ar y cwch a Brenda Chamberlain ar y dde ym mhen y cwch. Eddie Roberts, Tŷ Nesaf (Solfach, Uwchmynydd wedyn) sy'n nŵr y Cafn.

Un gwthiad bach eto! Jean Vanderbyl, cariad Brenda sydd yr ochr draw i'r fuwch.

Y Rona *- cwch teithwyr – yn tynnu'r* Lleuddad. *Felly yr aed â'r cwch stoc yn ôl ac ymlaen i Aberdaron.*

Nellie Evans

Wil Evans yn tyllu i wartheg gael dŵr rhwng gwinllan Cristin a gwinllan Plas, sychder 1956.

tro ac yn derbyn croeso, sgwrs a phaned. Roedd ganddi ffrindiau o bob cwr o'r wlad ac o bob cwr o'r byd.

Dyddiau da oeddan nhw, ond mi gollwyd Nain yn 1996 ac mi newidwyd natur yr hen ysgol wedi hynny. Mae'n ganolfan ac yn fan cyfarfod bellach ond bob tro y byddaf i'n mynd yno, mi fyddaf yn ei gofio fel roedd o gan Nain. Roedd o'n lle clyfar ofnadwy i fyw ynddo – roeddach chi'n gweld pob dim oedd yn digwydd ac roedd yr olygfa yn arbennig, yn enwedig gyda'r nos pan fyddai'r haul yn mynd i lawr ac yn machlud dros Iwerddon reit o flaen y ffenestri.

Yn 1978 mi werthwyd yr ynys gan Michael Pearson i Ymddiriedolaeth Ynys Enlli am £94,000 – sydd yn chydig iawn o bres erbyn heddiw! Tŷ teras ym Mhwllheli! Roedd yr Ymddiriedolaeth yn cael ynys 450 o erwau, un ar ddeg o dai

Un o'r ierdydd caeëdig ar Enlli

a ierdydd a chwch a thractor Fordson Major efo cab, a chwch (*Benlli II*) am hynny. Roedd hi'n fargen eithriadol o dda – bechod na fasa rhywun o 'nheulu i wedi'i phrynu!

Ymwelwyr cynnar ar Enlli

Penderfynodd yr Ymddiriedolaeth greu refeniw allan o'r ynys er mwyn trwsiadu'r tai a'r ierdydd oedd yn dechrau mynd â'u pen iddyn trwy eu gosod nhw i ymwelwyr. Yn y 70au hwyr a'r 80au cynnar mi ddechreuodd yr ymwelwyr gyrraedd yr ynys. Mi fu Dafydd

Y Cafn, diwedd y 1950au

Thomas a Haf Meredydd a llawer o rai eraill yn gweithio'n galed iawn yn adnewyddu'r tai. Erbyn canol yr 80au, roedd dipyn o bobl yn dod i Enlli. Roedd rhai cannoedd yn aros yno mewn tymor a rhai degau o bobl yn ymweld am y dydd yn ystod misoedd yr haf. Erbyn heddiw mae tua chwe chant yn dod yno i aros mewn un tymor a llawer iawn am y dydd. Diolch byth, ynde – achos dyna ydi 'mywoliaeth i.

Y Cafn, heddiw

Ond yn y cyfnod cynnar roedd hi chydig bach distawach ond ar y llaw arall doedd yna ddim llawer o fywyd o ran pobl yn byw yno. Dim ond dau oedd yn ffermio yn Tŷ Pella, Jane ac Arthur Strick oedd wedi dod yno yn 1972 wedi i Nhaid a Nain ymddeol. Roedd nifer o wardeiniaid gwahanol yn aros dros y blynyddoedd yn Tŷ Bach. Y rhai mwyaf nodedig efallai oedd Kim Atkinson a Gwydion Morley. Roedd Kim yn ferch i Tony a Mary Atkinson oedd yn ffermio Tŷ Nesa yn y 1960au. Mae Gwydion yn adnabyddus ym Mhen Llŷn fel waliwr o fri ond mi ddaeth i Enlli pan oedd yn weddol ifanc ac mi wnaeth y ddau ohonyn nhw gartref yno am ddeng mlynedd. Mae'u hôl nhw yma o hyd mewn ffordd. Ar ben hynny, roedd yna ychydig yn yr wylfa adar – ond chydig oedd y boblogaeth a doedd yna ddim cymaint o fywyd ar yr ynys ag oedd wedi bod cynt. Erbyn canol y 1990au dim ond dau oedd ar yr ynys un gaeaf.

Cario dŵr mewn dystbin o'r Tir Mawr ar y Rona i'r wylfa adar yn Cristin oherwydd sychder.

Yn 1987, trowyd y goleudy yn otomatig ac yn naturiol cafodd hynny effaith ar yr ynys. Cyn hynny roedd tri o giperiaid yn y goleudy drwy'r adeg a byddai'r rhain yn adnabyddus i bawb arall ar yr ynys gan mai'r un rhai oedd yn dod yno yn gyson o fis i fis. Roeddan nhw'n rhan o'r gymuned a phan ddaeth y newid hwnnw mi fu'n dipyn o glec i'r ynys. Roedd pobl wedi byw yn y goleudy ar Enlli ers 1821 ac roeddwn i, er yn ifanc, yn bryderus iawn am y dyfodol wedi colli presenoldeb y swyddogion hyn.

Ond daethpwyd dros hynny hefyd. Mae mwy o boblogaeth yno bellach – bydd saith neu wyth yno drwy aeaf eleni (2014-15).

Mae'n rhaid cofio bod bywyd ar Enlli wedi bod yn uwch

na safon byw ar y Tir Mawr am y rhan fwyaf o'i hoes. Roedd yn well lle i wneud arian, yn rhannol oherwydd y lanfa yn y Cafn – mae'n well glanfa na'r un borth arall yn Llŷn, ar wahân i hafan Pwllheli efallai, er bod honno'n ddibynnol ar y llanw hefyd. Os dach chi'n gwybod lle mae'r marcia ac yn gwybod be dach chi'n neud, mi allwch fynd a dod i'r Cafn. Methu gadael y Tir Mawr y mae cychod pan fydd pobl yn sownd ar yr ynys oherwydd y tywydd. Os ydi hi'n ffit i fod allan ar y môr, mi allwch fynd i'r lan yn y Cafn. Mae'r Gaswallt, y rîff sydd allan yn y môr y tu draw i'r Cafn yn torri'r swél a'r tonnau o'r de-orllewin hyd yn oed. Oherwydd y Cafn, roedd yr ynyswyr yn medru defnyddio cychod mwy a hwylio ymhellach. Roeddan nhw'n medru masnachu'n uniongyrchol gyda Lerpwl mewn cychod 35-36 troedfedd a bargeinio am well telerau am eu cynnyrch ac oherwydd hynny yn cael y pris gorau. Roeddan nhw'n deud mai merched Enlli – a merched Nant Gwrtheyrn – oedd wedi gwisgo orau yn Llŷn. Roedd y Tir Mawr yn ddibynnol iawn ar longau'r glannau i fynd a dod ac roedd y capteiniaid a'u cwmnïau'n masnachu – ac yn gosod y prisiau a hawlio'u sleisian wrth reswm. Roedd yna gnydau toreithiog ar yr ynys hefyd – mae yno dymor tyfu da a phridd gwych sy'n dywodlyd a ffrwythlon, felly roedd pobl yn gwneud yn dda ar Enlli. I'r lanfa, a gafodd ei chreu drwy chwythu'r creigiau yn 1820 ar gyfer adeiladu'r goleudy, y mae'r diolch am hynny. Mi gariwyd y cerrig o chwarel y Traeth Coch, Môn i godi'r goleudy.

Doedd yr ynys ddim yn anghysbell na diarffordd yn oes y llongau a'r cychod. Y ddau beth sydd wedi'i gwneud yn 'ynysig' ydi'r car a thrydan. Dyna sydd wedi tlodi'r ynys. Mae pobl wedi cyfarwyddo â theithio i bob man i wneud pob dim erbyn heddiw – tydi hi'n ddim iddyn nhw deithio ugeiniau o filltiroedd yn ddyddiol i'w gwaith ac yn ôl. Tydi hynny ddim i fod siŵr Dduw! Rhyw hen ffordd wirion o fyw sydd wedi datblygu yn yr hanner can mlynedd diwethaf ydi hynny.

Mae trydan yn beth arall. Chewch chi ddim trydan drwy'r amser ar Enlli ar hyn o bryd a'r unig ffordd i gadw rhewgell dros y gaeaf ydi jenerator, er bod paneli solar yn cael defnydd cynyddol.

Roedd Mam yn athrawes ym Mhwllheli ac ar y Tir Mawr wrth gwrs y cefais innau fy addysg ond yn treulio'r gwyliau a phob penwythnos braf ar Enlli. Mi ddechreuais bysgota drwy hel gwichiaid a hel digon o bres i brynu injan fach bedwar hors i'w rhoi ar gwch roedd 'Nhad wedi'i chanfod yn morio ar y môr. Cwch aliwminiwm oedd o – mi ddaru adrodd y manylion wrth wylwyr y glannau ond doedd neb wedi gweld ei golli. Efo'r cwch hwnnw y dechreuais i g'willa o Borth Solfach ar Enlli. Bryd hynny roedd modd gwneud hynny heb drwydded. Mae'n edrych ymhell iawn yn ôl o'r oes fiwrocrataidd fodern!

O Borth Solfach ar hyd cyn belled ag Ogo Las ac Ogo Hir roeddwn i'n pysgota ac ro'n i'n gwneud cystal ag unrhyw blentyn ysgol mae'n siŵr. Mi es i ymlaen i wneud gradd ar Amaethyddiaeth a'r Amgylchfyd yn y coleg yn Aberystwyth. Y rheswm y tu ôl i hynny oedd fy mod angen yr arfogaeth er mwyn medru troi trwynau'r rheiny oedd yn trio gwneud Enlli'n arbrawf gwyddonol mewn cadwraeth. Roeddwn i'n dal i g'willa drwy'r cyfnod hwnnw ac mi brynais gychod mwy a mwy ac mi ddatblygodd y busnes.

Rona, *cwch Capten Eiriff yn dod ag ymwelwyr i'r lan*

Dwi yn llinach nifer o gychwyr sydd wedi gwasanaethu drwy gario ymwelwyr dyddiol i Enlli ers 1947. Symudodd Siôn a Lizzie Kate o Cristin i Dŷ Lôn, Uwchmynydd yn y flwyddyn honno. Siôn, a'i gwch *Blodwen*, oedd y cychwr tan 1953, pan gafodd ei ladd mewn damwain ym Mhorth Meudwy. Roedd newydd brynu cwch 40 troedfedd o hyd o Gonwy, *Prince of Wales*, ac yn ei winsio i ddiogelwch rhag storm a ragwelwyd. Trodd y Ffordan Fach arno wrth iddo winsio. Ddaeth y storm ddim.

Ar ôl hynny daeth y *Rona*, cwch Capten Eiriff. Bu John Pritchard ac Ifan Penrallt yn defnyddio hwn ar ôl hynny ac Evan Moore, Erw hyd tua 1966. Y cychwr nesaf oedd Huw Glandaron, Aberdaron gyda *Sumaria*. Collwyd hwn – oedd yn gwch leiffbot oddi ar long fawr – ar draeth Aberdaron yn 1968. Defnyddiodd Huw y *Roma* a'r *Cleopatra* ar ôl hynny ond malwyd y ddau yn rhacs ym Mhorth Meudwy – yr olaf tua 1984. *IP23* fu cwch nesaf Huw ac roedd yn cydweithio efo Guto Bwtsiar efo'i *IP24* a *Mari*, oedd yn cario o Borth

Colmon hyd tua 1993. Cariai Seiriol Thomas ymwelwyr o Bwllheli hyd tua 1987, a hynny ar *Ali Jane* (cwch o fath *Aqua Bell 270*). Dafydd Thomas oedd y nesaf, yn cario o Bwllheli a Phorth Meudwy ar *Bugail Enlli II* hyd 1996. Bu Tony Bruce wrthi hefyd – ar yr *Highlander* (Aqua Star 38) o 1997-2002; *Highlander II* (Power Glide 40 Cat) 2002-2011 a'r *Highlander III* (Lochin 40) ryw chydig yn 2012, 2013 a 2015. Rwyf innau wrthi ers hynny – ar *Benlli III* (Cheetah 8.4) o 2008 ymlaen.

Y cychwyr fu'n cludo ymwelwyr wythnosol i'r ynys oedd: Wil Evans ar *Benlli I* a *Benlli II* o 1953-1970; wedyn Robert Roberts ac Edwin Williams o Bwllheli ar *Mary K* a *Phoebe*; cychod Ymddiriedolaeth Ynys Enlli, *Bugail Enlli II* a *Bugail Enlli III* o 1885-1996 ac roedd George Povey, Dafydd Thomas a Paul Filby efo *Irene May* yn cario i'r wylfa adar yn yr un cyfnod. Yna, Tony Bruce ar *Highlander* a *Highlander II* o 1997-2008 a finnau ar *Benlli III* o 2005 ymlaen. Cychwr arall oedd Elwyn Evans, Plas Minffordd, Anelog, wrth gwrs – bu wrthi o tua 1990 hyd ei farwolaeth yn 1998. Roeddem ni'n ffermio ar Enlli ar y pryd a dwi'n cofio cymaint o gymorth a gawsom gan Elwyn, yn cario hyn a'r llall inni. Dyn cymwynasgar, galluog a sgit ofnadwy, ac mae colled aruthrol ar ei ôl.

Dwi'n cyfri fy hun yn lwcus. Dwi wedi etifeddu hyn i gyd – etifeddu'r hawl i wneud a hefyd etifeddu'r dyletswydd i wneud yn siŵr fod hyn yn parhau mewn ffordd gall a bod bywyd yr ynys yn cael ei barhau.

Dwi'n treulio dipyn o f'amser yn trio amddiffyn yr ynys. Dwi'n gweld bod bygythiad eitha mawr gan yr ochr wyrdd i bethau ar hyn o bryd. Dwi ddim yn mynd i'w galw nhw'n gadwriaethwyr oherwydd mi rydw i'n gadwriaethwr – ond un ymarferol, ynde. Mae hi'n iawn i ymwneud ag adnoddau natur a gwneud bywoliaeth draddodiadol a chynaliadwy yn y ffordd honno. Mae hynny'n beth nobl a da i'w wneud hefyd. Ond dan ni'n dod ar draws llawer o bobl sy'n ymwneud â rheolaeth yr ynys nad ydyn nhw'n credu na ddylian ni wneud dim byd ond edrych ar natur o bellter. Dydyn nhw ddim yn dallt dim am dreftadaeth na chyfoeth yr ynys. Mae ganddyn nhw ormod o nerth a gormod o lais ac mi fydda i'n cwffio yn erbyn y safbwynt honno.

Mae traddodiad creinca yn gryf iawn yn Llŷn ac yn enwedig yn Enlli ond mae hynny wedi dod i ben ar yr ynys. Mae'n siŵr mai Guto Cabli (Guto Nant i ni) oedd yr olaf i greinca yn y pyllau trai. Mi wyddai lle'r oedd pob un twll cranc a phryd i fynd – pob twll cranc ym mhob craig am bedair milltir o gwmpas yr ynys. Fues i rioed yn creinca, na 'Nhad chwaith. Dwi ddim yn meddwl bod fy Nhaid yn greinciwr chwaith. Doedd o ddim yn ein teulu ni i wneud hynny – c'willa ar y môr ac ar ôl cimychiaid y bydden ni. Yn anffodus iawn mae 'na gyfoeth o wybodaeth wedi'i golli am fod y llinach honno wedi dod i ben ar yr ynys.

Rydw i wedi ceisio cario llawer o bethau eraill ymlaen wrth gwrs – enwau caeau, enwau trwynau ac enwau baeau ac ati nad oes neb arall yn eu defnyddio. Mae gen i dri o blant a dwi'n gobeithio y byddan nhwythau yn eu defnyddio ac yn eu pasio ymlaen. Mae o wedi dod i le cul iawn tydi? Dim ond y fi a 'nghefnder Iain sy'n cario'r wybodaeth yma o linach yr ynyswyr, ac mae Iain yn brysur yn Nhŷ Newydd Aberdaron y dyddiau yma.

Colin yn mynd ag ymwelwyr o Borth Meudwy i Enlli

Mae'n bechod, ond mae'r dreftadaeth hon yn guddiedig i'r rhai hynny sydd ddim ond yn mynd i Enlli i wylio adar ac ati. Does ganddyn nhw ddim tamaid o ddiddordeb ynddi chwaith. Maen nhw'n gweld un agwedd ar fywyd yr ynys a dyna hi. Maen nhw'n byw yno ac y meddwl mai'u ffordd nhw ydi'r ffordd 'iawn' o fyw – ond tydi hi ddim yn ffordd gynaliadwy o bell ffordd. Oni bai 'mod i yno i gario popeth maen nhw ei angen yn fy nghwch iddyn nhw, fyddai hi wedi darfod arnyn nhw. Y ffordd gynaliadwy o fyw ar ynys ydi bod yn gychwr, ac i fforddio cwch sy'n ddigon safonol a gwerth ei gael mae'n rhaid medru pysgota a masnachu efo fo. Dyna'r ffordd o fyw sydd wedi esblygu yn Enlli dros ganrifoedd lawer.

Y cwbwl fedrwn ni ei wneud ydi aros yna a gwerthfawrogi be sydd gynnon ni a sylweddoli ei fod yn werth ei gadw. Dwi erioed wedi byw yno dros y gaeaf. Y drwg ydi bod gan y busnes yma gymaint o bethau a chymaint o bethau angen eu gwneud – ac mae'n job eu gwneud nhw ar Enlli. Os ydi'r ynys am barhau fel ynys fyw, hynny ydi gyda rhai adnoddau sylfaenol cydradd â'r Tir Mawr, a chymuned fyw o bobol sy'n medru gwneud pethau a ffynnu yno, yna rhaid osgoi ar bob cyfrif y syniad o gadw'r lle fel amgueddfa. Wnaiff hynny ddim gweithio.

Taswn i eisiau byw yno, mi faswn eisiau byw mewn tŷ cynnas, efo golau drwy'r adeg, cysylltiad efo'r we ac mi faswn angen sied fawr efo peiriannau i fedru trwsio a thrin ac adeiladu'r pethau dwi angen eu gwneud efo fy musnes. Tydi hyn i gyd ddim yn amhosib. Dan ni'n medru cario pob math o nwyddau a pheiriannau sy'n pwyso tunelli i mewn ac allan o'r Cafn. Does na ddim rheswm ymarferol pam na ellid codi sied glyfar fel sy 'na ar bob fferm yn Llŷn ar dop y Cafn. Ond dychmygwch be fasa pobol yn ei ddeud!

Eto dyna ddylia fod yna. Roedd y goleudy yn hollol fodern yn 1821. Mi adnewyddodd Lord Newborough y tai – clirio'r hen fythynnod a chodi clamp o ffermdai a ierdydd 'state of the art' yn 1875, Roeddan nhw'n llefydd i bobol fyw a gwneud bywoliaeth ynddyn nhw a ffynnu heb ddibynnu ar neb ond y nhw'u hunain. Mae ganddon ninnau'n technoleg heddiw i fedru sicrhau parhad y ffordd honno o fyw. Lle mae'r prydferthwch ynte? Onid prydferthach ydi gwead tirlun sy'n adlewyrchu gwaith ac yn cynnal trigolion – sy'n golygu ymddangosiad tai cerrig, goleudy ac ambell sied – i mi mae hyn yn fwy prydferth nac undon las o weundir morol fel a geir yn Sgomer neu Ynys Ddewi?